AF250017

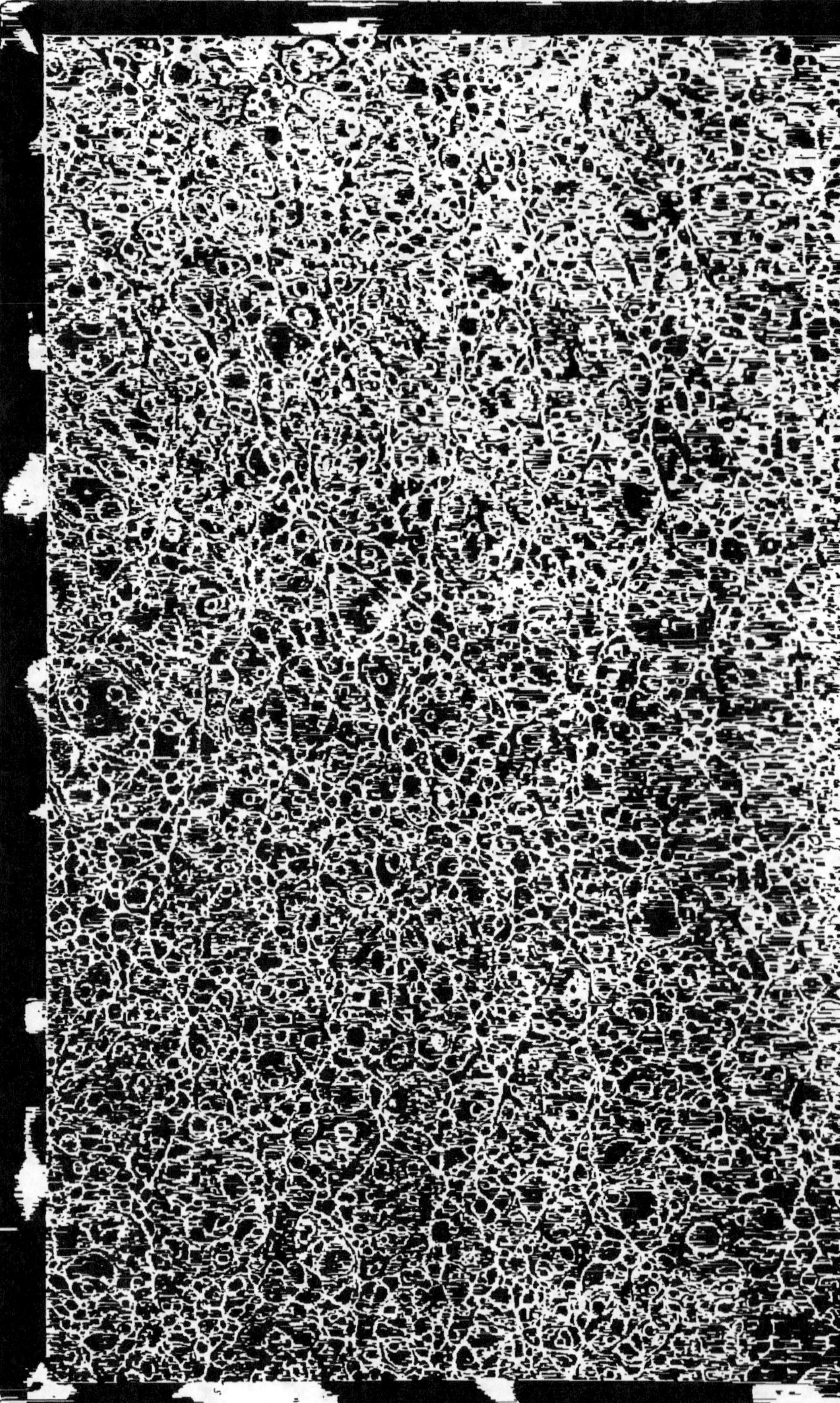

G

1969

BIBLIOTHÈQUE

PORTATIVE

DES VOYAGES.

TOME VI.

CONDITIONS DE LA SOUSCRIPTION.

L'ouvrage sera publié en 12 *livraisons*, qui seront mises en vente de mois en mois, à dater du 15 *Mai* ; chaque livraison sera composée de 4 volumes ; la dernière seule en aura 5, et sera néanmoins du même prix que les précédentes.

Le prix de chaque livraison, pour les personnes qui souscriront avant le 1er *Juillet prochain*, est fixé, sur papier fin, à. .   5 fr.

Papier d'Angoulême, Nom-de-Jésus.   8

Papier vélin satiné, fig. avant la lettre.   10

Papier vélin satiné, Nom-de-Jésus, figures avant la lettre 15

Passé le 1er Juillet, le prix pour les non-souscripteurs, sera, en papier fin. .   6

Papier d'Angoulême, Nom-de-Jésus. 10

Papier vélin satiné 12

Papier vélin satiné, Nom-de-Jésus. . 20

Il faut ajouter 1 fr. 50 c. au prix de chaque livraison pour recevoir l'ouvrage franc de port par la poste.

ON NE PAYE RIEN D'AVANCE.

DE L'IMPRIMERIE DE G. MUNIER.— AN VII.

BIBLIOTHÈQUE

PORTATIVE

DES VOYAGES,

TRADUITE DE L'ANGLAIS

Par MM. HENRY *et* BRETON.

TOME VI.

~~~~~~~~~~

VOYAGE DE BRUCE.

TOME VI.

PARIS,

Chez Mme Ve LEPETIT, libraire, rue
Pavée-Saint-André-des-Arcs, n.º 2.

1817.
~~~~~~~~~~

VOYAGE
AUX
SOURCES DU NIL.

SUITE
DU LIVRE SIXIEME.

LE 31 octobre (1770), notre voyageur et son guide arrivèrent au village de Dingleber. La position de ce village est une des plus belles de toute l'Abyssinie , et l'air en est excellent. D'un côté on voit le lac Tzana et toutes ses îles. Au nord-est , est la péninsule de Gorgora

A 3

où sont encore les restes du premier couvent des jésuites, et du
palais de Socinios. Dans le nord
du lac, on contemple au loin,
toute la campagne de Dara, et
le Nil, qui, en traversant le
Tzana, conserve un cours parfaitement distinct, ne mêle point
ses eaux à celles de ce lac, et
forme, en sortant, ce qu'on appelle la seconde cataracte, ou la
cataracte d'Alata. « Au sud-est, »
dit M. Bruce, « nous voyions les
« plaines du Maitsha, couvertes
« en grande partie d'arbres qui les
« faisoient paroître comme de som-
« bres forêts. Plus loin, du même
« côté, nous découvrîmes le ter-
« ritoire de Sacala, l'un des dis-
« tricts des Agows. C'est là que

« sont les sources du Nil ; c'est là
« que tendoient tous mes vœux.
« Derrière Sacala , s'élèvent les
« hautes montagnes d'Amid Amid,
« qui forment un amphithéâtre en
« demi-cercle , et qui par-là , ont
« mérité le nom de montagnes de
« la Lune , nom que l'antiquité
« avoit donné aux montagnes où
« l'on supposoit que le Nil prenoit
« sa source.

« C'est à Dingleber que je rejoi-
« gnis mes domestiques. Ils avoient
« été inquiétés par les soldats gallas,
« qui voyant deux hommes blancs,
« pour la première fois , n'avoient
« pu s'empêcher de satisfaire en-
« tièrement leur curiosité , sans
« pourtant leur faire aucun mal,
« ni la moindre insolence.»

Après avoir passé le Kelti,
M. Bruce fut très-surpris de rencontrer le Grec Stratès et un domestique d'Ozoro Esther, qu'il avoit
vu souvent chez cette princesse. Ils
avoient laissé Fasil à Bamba. Ce
général n'avoit pas encore achevé
de congédier les sauvages gallas,
et il étoit incertain s'il iroit lui-
même jusqu'à Gondar, ou s'il ne
s'en retourneroit pas. Tout, dans
cette capitale, étoit dans la plus
grande confusion. Gusho et Powussen y étoient revenus sous pré-
texte de porter quelque argent à
ce misérable Socinios, que l'Iteghé
avoit imprudemment consenti à
faire roi. Cette princesse vouloit que
Gusho, Powussen et Fasil se récon-
ciliassent et marchassent ensemble

contre Michaël. Elle s'étoit liguée avec Socinios, qu'elle connoissoit pourtant pour un homme crapuleux : mais tout annonçoit le retour du Ras; et c'étoit ce qu'elle craignoit le plus.

M. Bruce interrogea en secret Guebra Mariam , le domestique d'Ozoro Esther. L'épouse de Michaël trembloit de se trouver entièrement à la discrétion de Fasil. Elle le craignoit d'autant plus, qu'elle ne doutoit pas que ce général ne sût avec quelle ardeur elle avoit pressé le Ras de venger la mort de Mariam Barea, son premier mari, en versant le sang de tous les Gallas tombés entre ses mains. D'un autre côté, la conduite qu'avoit tenue l'Iteghé, sa mère , en plaçant sur le trône ce méprisable Socinios , lui faisoit appréhender avec raison , que le ressentiment de Michaël n'eût point de bornes. Le Ras avoit déclaré par plusieurs messages , et sur-tout par le dernier , qu'il feroit pendre devant la porte du palais du roi , au même arbre et par les pieds , l'Iteghé et l'usurpateur, le jour qu'il rentreroit dans Gondar. Ozoro Esther savoit fort bien que quand le Ras parloit ainsi , l'effet suivoit de près la menace. Aussi cette princesse, dont la sensibilité étoit extrême, et qui étoit déja très-foible , depuis sa dernière maladie, ne prenant presque point de nourriture , ne dormant plus qu'avec inquiétude, étoit tombée dans une situation fort dangéreuse ; et quoique la cause de son mal fût bien connue, il étoit sans doute, extrêmement difficile de la guérir.

« L'entreprise dans laquelle j'é-« tois engagé, » dit M. Bruce, « étoit peut-être la seule, que je « n'eusse pas abandonnée à l'instant, « pour voler à la voix d'Ozoro « Esther. Indépendamment de l'at-« tachement qu'elle pouvoit m'ins-« pirer, elle étoit la mère d'Ayto « Confu, le meilleur de mes amis ; « elle étoit l'épouse du Ras, sur qui « elle acquéroit chaque jour un « nouvel ascendant, et je la croyois, « depuis long-temps, en secret, l'ob-« jet de la tendresse du jeune roi, « mon bienfaiteur.

« S'il n'y avoit point eu de pé-

« ril en route, à cause des troubles
« continuels qui désoloient l'Abys-
« sinie, mon retour n'eût été rien.
« Mais si je n'avois pas poursuivi
« mon voyage, il m'eût été vraisem-
« blablement impossible de trou-
« ver l'occasion de recommencer.
« Tout menaçoit le royaume d'un
« désordre, encore plus grand que
« celui qui avoit précédé la retraite
« du roi en Tigré. Mon parti étant
« pris, je dis à Guebra Mariam
« qu'il étoit impossible que je m'en
« retournasse immédiatement; mais
« que je ne négligerois rien, pour ac-
« célérer mon voyage. En atten-
« dant, j'envoyai une instruction
« à un prêtre grec, qui étoit un
« peu médecin, pour qu'il gouvernât
« la malade en mon absence. »

En

En traversant le Ketti, on quitte le territoire du Maitsha, pays extrêmement fertile, mais si plane que les eaux ne trouvant point de pente, y séjournent long-temps après que les pluies du tropique ont cessé, ce qui le rend fort mal sain, pendant plusieurs mois de l'année.

Les maisons du Maitsha sont construites d'une manière fort singulière. Le premier propriétaire d'un champ le divise en trois ou quatre parties. Si c'est en quatre, par exemple, il plante deux haies de branches d'acacia épineux, qui se croisent, et dans un angle des haies, il bâtit sa hutte et occupe autant d'espace qu'il en veut. Trois de ses frères, peut-être, se placent dans les autres angles. Les enfans de chacun d'eux

bâtissent leurs maisons derrière celle
de leur père, et les font plus courtes
parce qu'elles sont plus larges, l'angle s'ouvrant toujours. Après qu'ils
ont ainsi construit autant de huttes
qu'il leur en faut, ils les entourent
d'une haie impénétrable, et chaque
famille vit sous le même toit, toujours prête à se défendre en cas
d'alarme. Cependant, si l'ennemi
est un peu fort, il n'a besoin, pour
réduire les assiégés, que de mettre le feu aux haies sèches et aux
roseaux qui entourent toutes ces habitations, faites en grande partie de
paille, et qui sont bientôt consumées.

La petite vérole ne paroît
guère dans le Maitsha, qu'une fois
tous les quinze ou vingt ans. Malgré cela les habitans la craignent tel-

lement, que lorsqu'elle se déclare dans une maison, tous les voisins qui savent qu'elle pourroit infecter la colonie entière, enveloppent cette maison pendant la nuit, y mettent le feu sans aucune pitié, et repoussent dans les flammes à coups de fourches et de lances, tous les infortunés, qui tentent de se sauver, sans qu'il y ait jamais eu d'exemple qu'on en ait laissé vivre un seul. Cette coutume peut nous sembler une barbarie affreuse. Mais nous en jugerions différemment, si nous étions témoins des ravages que fait la petite vérole dans ce pays. La peste est cent fois moins terrible.

Il y a dans le Kelti d'excellent poisson qui n'est nullement recherché des Abyssins. Les personnes

de la première classe en mangent
bien de quelques espèces pendant
le carême : mais le peuple s'en abs-
tient, à cause de différens passages
de l'Ecriture et de distinctions,
qu'on trouve dans Moïse et qu'on
interprète fort mal. D'ailleurs ce
peuple est extrêmement paresseux,
et ne connoît point l'usage des fi-
lets. Il manque aussi de cette in-
dustrie, que nous admirons chez
les peuples sauvages, et avec laquelle ils font des lignes et des
hameçons. Pendant tout le temps
que notre voyageur a demeuré en
Abyssinie, il n'a jamais vu un seul
Abyssin occupé à la pêche.

Le 2 novembre, à sept heures
du matin, M. Bruce, son guide et
ses gens partirent des bords du

Kelti, et dirigèrent leur route au sud. A dix heures trois-quarts, ils passèrent un gué, de la petite rivière d'Aroussi, qui se jette dans le Nil, à quatre milles au-dessous. Cette rivière est claire et rapide, et ses bords sont tapissés de la plus brillante verdure. A une heure et demie, nos voyageurs arrivèrent à Rou : c'est le nom d'un terrain entouré d'arbres, sur lequel se tient un marché. Tous les marchés sont entourés de la sorte, en Abyssinie. Les personnes qui s'y rendent, y sont sous la protection du gouvernement, et à l'abri de toute injure : mais celles qui ont des ennemis à redouter, doivent prendre garde à elles, en allant, ou en revenant, parce que la

protection cesse hors de l'enceinte
du marché.

« Dans le lit d'une rivière qui
« étoit à sec, et au-dessous d'un
« petit bois qu'on trouve avant d'ar-
« river au marché de Rou, » dit
« M. Bruce, « nous rencontrâmes
« un Galla, nommé *l'Agneau*, frère
« d'un autre Galla, nommé *le Sau-*
« *teur*, tous deux partisans de
« Fasil. Woldo me fit l'éloge de
« l'humanité de l'Agneau, qui, dans
« toutes ses incursions ne tuoit ja-
« mais aucune femme, pas même
« celles qui étoient enceintes, bien
« qu'il agit en cela, contre l'éter-
« nelle coutume de ses compatrio-
« tes. Ayant demandé à Woldo ce
« qu'étoient devenus les quarante-
« quatre Gallas à qui le Ras Mi-

« chaël avoit fait arracher les yeux,
« il me répondit : «pas un seul n'est
« revenu dans sa patrie. On nous
« a raconté que les hiènes les
« avoient dévorés sur les bords de
« l'Angrab. » -- « J'en ai sauvé
« trois,» lui dis-je. » -- «Oui,»
« me repliqua-t-il; » et d'autres
« peuvent avoir été également sau-
« vés.»-- Puis il ajouta à voix basse:
« L'histoire des hiènes a été in-
« ventée pour les Gallas : mais
« nous autres serviteurs de Fasil ,
« nous savons qu'on s'est défait de
« ces gens-là, par son ordre, de
« peur qu'ils ne revinssent dans leur
« pays , épouvanter leurs tribus,
« par le spectacle sanglant de leur
« mutilation. Telle avoit été, au
« contraire , l'intention , du Ras

« Michaël, en les traitant de la
« sorte. Mais pour en prévenir l'ef-
« fet, Fasil leur fit donner la mort,
« avant qu'ils pussent regagner
« leurs foyers. »

« J'avoue que je fus frappé de
« ce trait qui achevoit de me dé-
« voiler le caractère de Fasil. —
« Eh quoi ! » m'écriai-je, » faire
« tuer lui-même ses propres soldats
« parce que son ennemi les a cruel-
« lement privés de la vue ! en vé-
« rité, cela n'est pas croyable. » —
« Oh ! oh ! » reprit Woldo, « cela
« n'en est pas moins vrai. Les Gallas
« ne sont pas comme les autres
« hommes. Ils ne dissertent point
« sur ce qui est cruel, ou ce qui ne
« l'est pas. Ils font précisément ce
« qui leur convient, ce qui leur sem-

« ble raisonnable, et ils n'y pensent
« plus. Le Ras Michaël seroit lui-
« même un excellent Galla. Croyez-
« vous qu'il soit moins cruel que
« Fasil, toutes les fois qu'il aura
« besoin de l'être ? »

« Je vis bien alors pourquoi les
« trois Gallas, recueillis par moi
« à Gondar, n'avoient jamais voulu
« retourner dans leur pays, quoi-
« qu'ils en eussent eu plusieurs fois
« l'occasion, sur-tout depuis la re-
« traite du roi dans le Tigré ; c'é-
« toit parce qu'ils n'ignoroient point
« le sort qui les attendoit.

« Quoique l'Agneau et tous les
« soldats Gallas fissent fort peu
« d'attention à nous, il étoit aisé
« de remarquer le respect qu'ils
« montroient pour le cheval de

« Fasil. La plupart d'entr'eux vin-
« rent l'un après l'autre, lui don-
« ner une poignée d'avoine. L'A-
« gneau lui-même eût avec lui une
« conversation très-sérieuse, et fort
« prolongée. Woldo me dit qu'en
« parlant au cheval, le Galla dé-
« ploroit le malheur de cet animal
« et blâmoit la cruauté de Fasil de
« l'avoir donné à un blanc, qui ne
« le panseroit pas bien, et ne le lais-
« seroit jamais retourner dans le
« Bizamo, partie du pays des Gallas. »
M. Bruce fit quelques présens à cet
officier, qui, d'ailleurs se conduisit
très-bien avec lui.

Tout le petit territoire de l'A-
roussi est un des plus agréables que
ce voyageur ait vus dans l'Abyssinie. Peut-être même est-il égal

à ce que l'Orient peut offrir de plus beau. On y voit par-tout des acacias de l'espèce de ceux qu'on trouve en Egypte , et qui produisen la gomme arabique. Ces arbres ne croissent guère qu'à quinze ou seize pieds de hauteur: mais leurs branches s'étendent horizontalement, se joignent même , quoique les pieds des arbres soient assez éloignés les uns des autres , et elles forment un couvert de plusieurs milles , où l'on jouit d'une ombre délicieuse.

Après avoir passé l'Assar , et plusieurs petits villages du district de Goutto , nos voyageurs virent distinctement , pour la première fois, la haute montagne de Géesh, but de leur pénible et dangereux voyage. C'est au pied de cette montagne

que sont les sources du Nil. Elles
étoient encore à près de trente
milles en droite ligne, c'est-à-dire,
sans compter les sinuosités du chemin.

Le même jour, 2 novembre,
à deux heures de l'après midi,
M. Bruce et ses compagnons arrivèrent sur les bords du Nil. Le
passage du fleuve est très-diffi-
cile et très-dangereux, parce que
le fond en est rempli de trous d'où
jaillissent des sources, et parce qu'il
y a des amas de sable fin, où l'on
enfonce, ainsi que de grosses pier-
res, de distance en distance. Du
côté de l'est, le fond est d'argile,
vaseux et plein de crevasses. Le
fleuve avoit dans le milieu, environ
quatre pieds de profondeur, et sur

les

les bords seulement deux. Ces bords sont doucement inclinés. La rive occidentale étoit ombragée de beaux arbres de l'espèce du saule, qui croissent très-droits, sans nœuds, et portent des cosses longues et pointues, renfermant une espèce de coton. La rive orientale offre un aspect bien différent. Elle est hérissée de rochers pointus, et couverte, jusqu'à une grande distance, de bois noirs et épais, du milieu desquels s'élevoient de grands arbres, dont la beauté majestueuse étoit déjà sapée par la main du temps.

La même vénération que l'antiquité avoit pour le Nil, et qu'ont encore les peuples qui vivent auprès de ses sources, s'étend jusqu'à

Goutto et même plus loin. Les na-
turels du pays accoururent en foule
autour de nos voyageurs, dès que
ceux - ci voulurent traverser le
fleuve. Ils leur furent même d'un
grand secours pour le passer : mais
ils s'opposèrent vivement à ce qu'aucun homme, monté sur un cheval,
ou sur un mulet, entrât dans l'eau.

« Ils ôtèrent la charge de nos
« mulets , sans aucune cérémo-
« nie , » dit M. Bruce , « ils po-
« sèrent nos effets sur l'herbe, puis
« ils insistèrent pour que nous quit-
« tassions nos souliers, et ils mena-
« cèrent de lapider quiconque fe-
« roit mine de laver ses vêtemens
« dans le fleuve. Mes gens leur ré-
« pondirent sur le même ton ; et
« Woldo ne leur épargna pas les

« injures. Moi seul, je contemplois
« en silence, et avec un extrême
« plaisir, les restes du culte qu'on
« rendoit au Nil, de ce culte si an-
« cien, que je ne m'attendois pas
« à retrouver là, et qui subsiste
« encore dans toute sa force.

« Mais enfin, on nous permit,
« ainsi qu'à nos chevaux et à nos
« mulets, de boire de l'eau du
« fleuve. Deux hommes me pre-
« nant par-dessous les bras, me
« firent passer avec beaucoup de
« précaution, à cause des trous dans
« lesquels nous pouvions tomber. Je
« souffrois infiniment de n'avoir pas
« mes souliers, car les cailloux et
« les roches pointues qui tapissoient
« le fond, me déchiroient la plante
« des pieds. Les pauvres Agows

« passèrent aussi nos chevaux, nos
« mulets, et un de mes domestiques
« avec la même précaution qu'ils
« avoient eue pour moi. Woldo m'a-
« voit fait signe d'un coup-d'œil de
« faire tout ce qu'ils souhaiteroient.

« La journée étoit déja assez
« avancée, quand nous arrivâmes
« dans le village de Goutto. Nous
« logeâmes dans la maison d'un des
« principaux habitans. Cet homme
« s'étoit enfui à notre approche,
« croyant que nous étions de l'ar-
« mée de Fasil. Mais si l'idée qu'on
« prit de nous, nous protégea contre
« la classe inférieure du peuple, elle
« nous fut nuisible, en ce qu'elle
« donna l'alarme aux gens riches,
« et nous priva des avantages que
« nous aurions pu en retirer. Le

« propriétaire de notre maison, par
« exemple, qui étoit parent et
« ami du Shalaka Welled Amlac,
« n'auroit pas manqué de nous bien
« accueillir et de nous héberger,
« s'il avoit su que nous venions de
« Gondar.

« Nos gens s'occupèrent à cher-
« cher une vache, pour renouveler
« nos provisions ; mais il n'étoit
« pas aisé d'en trouver une ; car les
« habitans avoient caché tout leur
« bétail dès qu'ils nous avoient vu
« paroître. Pendant ce temps-là,
« nous entendions distinctement le
« bruit de la cataracte. Je voulus
« aller la voir, afin de profiter
« d'une heure et demie de jour dont
« je pouvois disposer, et sur-tout
« pour ne pas être retardé le lende-

« main matin. Comme le cheval de
« Fasil étoit encore tout frais, je le
« pris, en me faisant accompagner
« par un de mes gens et par un
« homme du village. Après avoir
« traversé une plaine hérissée de
« rochers et couverte de bois, mon
« domestique et moi , allant au
« petit galop, et dirigés par le bruit
« des eaux , nous arrivâmes en
« moins d'une demi-heure, au terme
« de notre course , tandis que notre
« guide qui étoit à pied, marchoit
« encore fort loin derrière nous.

« La cataracte de Goutto , à la-
« quelle on a donné le nom de pre-
« mière cataracte du Nil, ne remplît
« pas à beaucoup près l'idée que je
« m'en étois formée. A peine a-t-elle
« seize pieds de haut ; et la nappe

« que l'eau forme en tombant,
« nappe qui a environ soixante
« brasses de largeur, se prolongeant
« en quelques endroits , laisse dans
« sa chûte des intervalles de ro-
« chers, à découvert. Elle n'est, en
« aucune manière, ni si belle, ni
« si digne d'admiration que la ca-
« taracte d'Alata, déja décrite, et
« qu'on appelle mal-à-propos la
« seconde cataracte ; car un peu
« au-dessous de celle de Goutto,
« il y a une autre cascade. Il s'en
« trouve encore une moindre au-
« dessus de l'endroit où le Nil reçoit
« dans son sein la rivière Gumetti,
« après qu'il a traversé les plaines
« de Sacala. Plusieurs autres sont
« aussi entre le confluent du Nil
« et de la rivière de Davola, et les

« sources du fleuve. Il est vrai que
« ces dernières cascades sont peu
« considérables, et que la chûte
« n'est visible que quand le fleuve
« est bas. Dans la saison des pluies,
« on ne les distingue guère qu'au
« frémissement des eaux qui rou-
« lent par-dessus.

« Après avoir vu tout à l'aise la
« cataracte de Goutto, je repris le
« galop et je m'en retournai à mon lo-
« gement, sans avoir rencontré une
« seule personne en chemin. A mon
« arrivée je trouvai qu'on étoit à
« même de tuer une vache. L'intel-
« ligence et l'activité de Woldo
« avoient triomphé des difficultés.
« En appliquant ses mains à sa
« bouche, et en criant d'une certaine
« manière, il avoit si bien fait que

« quelques vaches du voisinage lui
« avoient répondu ; et la première
« qu'il découvrit , fut tuée sans
« pitié.

« Le 3 novembre 1770 , à huit
« heures du matin , nous partîmes
« du village de Goutto , et nous
« marchâmes toute la matinée dans
« une plaine remplie d'acacias.
« Nous continuâmes notre route ,
« et nous arrivâmes à une triple
« chaîne de montagnes , qui forme
« trois cercles placés les uns par
« derrière les autres. Leur arrange-
« ment est si régulier qu'il rappelle
« d'abord l'idée des montagnes de
« la Lune , au pied desquelles l'an-
« tiquité dit que le Nil prenoit sa
« source ; et l'on ne se trompe pas. On
« les nomme aujourd'hui les mon-

« tagnes d'Amid Amid. Elles ont
« peut-être un peu plus d'un demi-
« mille de haut. Le sol en est par-
« tout excellent , et couvert de
« pâturages. Mais comme ce mal-
« heureux pays est depuis long-
« temps en proie aux horreurs de
« la guerre , les habitans ne sèment
« du blé que sur les hauteurs , où
« ils sont hors de la portée de l'en-
« nemi.

« A moitié chemin du sommet
« des montagnes , on voit des vil-
« lages construits d'une espèce
« d'herbe blanchâtre , qui les fait
« paroître fort loin. Le pied de ces
« montagnes est tapissé de prairies
« naturelles, où une immense quan-
« tité de bétail paît continuelle-
« ment sous les yeux du maître ; et

« à la première alarme, on met ce
« bétail hors de danger.

« Le 4 novembre, à huit heures
« du matin, nous partîmes du petit
« village qui est au milieu de la
« plaine d'Abola, sans avoir vu un
« seul habitant. A une heure un
« quart, nous gagnâmes une mon-
« tagne très-escarpée, dont le che-
« min, presque à pic, étoit le plus
« difficile que nous eussions trouvé
« depuis notre départ. Toute cette
« montagne est couverte d'arbres
« touffus, qui croissent jusqu'au
« bord des précipices. Nous mon-
« tions avec courage et avec joie,
« parce que nous nous flattions que
« c'étoit le dernier obstacle qui
« s'offroit, après ceux dont nous
« avions déja triomphé. Au-delà

« de ce bois presque impénétrable ;
« on trouve dans la situation la plus
« romantique, l'église de S. Michel,
« bâtie dans un enfoncement, très-
« étroit , entre deux sommets de
« montagnes , qui en sont à égale
« distance. Cette église est désignée
« sous le nom de S. Michel-Sacala ,
« pour qu'on la distingue d'une
« autre qui est plus dans le sud ,
« et qu'on appelle S. Michel
« Géesh.

« A une heure trois quarts nous
« arrivâmes au haut de la monta-
« gne. Nous vîmes immédiatement
« au-dessous de nous , le Nil, qui
« étoit semblable à un ruisseau, et
« qui auroit eu à peine assez d'eau,
« pour faire tourner un moulin. Je
« ne pouvois cependant me lasser
« de

« de contempler ce fleuve, si près
« de sa source. Je me rappelois
« tous les passages des auteurs an-
« ciens, d'après lesquels il sem-
« bloit, que cette source devoit
« rester éternellement cachée. Ce-
« pendant je fus tiré de cette dé-
« licieuse rêverie, par une alarme
« soudaine. Mes gens s'écrièrent que
« nous avions perdu notre guide
« Woldo. Nous fîmes alors diverses
« conjectures. Quelques personnes
« de la troupe pensoient que Woldo
« avoit résolu de nous trahir et de
« nous voler. D'autres croyoient
« qu'il ne faisoit qu'exécuter les
« ordres de Fasil, qui vouloit que
« nous fussions massacrés. Pour
« moi, je m'imaginai que Woldo étoit
« réellement plus malade que je

« ne l'avois cru d'abord, et que
« sa maladie l'avoit forcé de s'ar-
« rêter en route. Telle fut égale-
« ment l'opinion du domestique
« d'Aylo Aylo, qui dit cependant
« en me jetant un coup-d'œil ex-
« pressif, qu'il ne pouvoit pas
« être bien loin. En conséquence,
« je chargai ce domestique de re-
« tourner en arrière, avec un des
« conducteurs de nos mulets, pour
« tâcher de trouver Woldo. Ils
« n'eurent pas fait cent pas qu'ils
« le rencontrèrent en effet, comme
« s'il s'en venoit, mais si languis-
« sant, si accablé, qu'il dit qu'il
« ne pouvoit pas faire un pas au-
« delà de l'église, où il avoit ré-
« solu de passer la nuit. Je tâtai
« son pouls; je l'examinai attenti-

« vement, et je ne lui trouvai pas
« la moindre apparence de fièvre.
« Aussi je lui dis d'un ton ferme
« qu'il mentoit ; qu'il devoit songer
« que j'étois médecin ; que l'attou-
« chement seul de sa main me di-
« soit, tout aussi-bien qu'auroit pu
« me le dire sa langue, qu'il ne res-
« sentoit aucun mal ; que je voyois
« aussi d'après cet attouchement ,
« qu'il avoit formé le projet de
« nous jouer un tour , qui lui
« deviendroit à lui-même très-fu-
« neste. » — Ce discours parut le
« déconcerter : mais il ne répondit
« presque rien. Il me pria seule-
« ment de faire une petite pause ,
« afin qu'il pût reprendre un peu
« de force ; « car » ajouta-t-il,
« il nous en faut à tous de la force,

« pour passer une autre grande
« montagne, que nous avons à fran-
« chir, avant d'arriver à Géesh. »

« Prenez-y garde, » lui répondis-je. « Il est inutile de mentir. Je
« sais tout aussi bien que vous où
« est Géesh. Je sais que nous n'avons
« plus de montagne à passer, ni
« de mauvais chemin à faire, pour
« nous y rendre. Ainsi je vous pré-
« viens que si vous voulez rester
« derrière, vous êtes le maître.
« Mais dès demain matin, j'en-
« verrai à Buré informer Welleta
« Yasous de votre conduite. « Je
« prononçai ces paroles de l'air le
« plus résolu qu'il me fut possible
« de prendre; et m'éloignant aussi-
« tôt, je hâtai le pas, pour gagner
« le gué du Nil.

« Woldo demeura derrière, avec
« les gens qui chargeoient nos mu-
« lets. Dès-lors il parut guéri de
« sa langueur, et il eut une conver-
« sation d'une demi-heure, avec le
« domestique d'Ayto Aylo. Quand
« ils eurent fini, ils vinrent tous
« de mon côté. Je m'amusois alors
« à dessiner une branche de rosier
« chargé de roses jaunes; car il y
« a beaucoup d'arbustes de cette
« espèce au-dessus du gué.

« Toute la troupe passa auprès
« de moi, sans me rien dire; et
« Woldo marchant aussi bien que
« jamais, gravit une colline au-
« près de l'église S. Michel de Géesh.
« Le Nil n'avoit pas dans l'endroit où
« nous le traversâmes, plus de douze
« pieds de largeur, et de quatre

« pouces de profondeur. Ce n'étoit
« qu'un ruisseau limpide, qui cou-
« roit rapidement , sur un fond de
« petits cailloux , par-dessous les-
« quels on distinguoit un rocher
« noir et très-dur. Assurément il
« est très-aisé de passer le Nil dans
« cet endroit : mais un peu plus bas,
« il est rempli de cascades. En par-
« tant de ses bords, et en allant vers
« le midi , on trouve beaucoup
« de petites éminences, doucement
« inclinées , qu'on monte et des-
« cend sans presque s'en aperce-
« voir. Mes gens s'étoient arrêtés
« au nord de l'église , et je les y
« joignis sans faire semblant de me
« hâter.

« Il étoit alors environ quatre
« heures de l'après-midi. La jour-

« née étoit excessivement chaude.
« Notre troupe s'étoit mise à l'om-
« bre d'un bosquet de cèdres ma-
« gnifiques, parmi lesquels on dis-
« tinguoit plusieurs beaux Cussos,
« chargés de fleurs. Les hommes
« étoient étendus sur l'herbe molle;
« et les animaux paissoient tranquil-
« lement à côté, avec leur charge
« sur le dos. En passant auprès de
« Woldo, je lui dis d'un air in-
« différent, que j'étois bien-aise de
« le voir convalescent, qu'il seroit
« bientôt rétabli, et qu'il n'avoit
« rien à craindre. Alors il se leva,
« et s'avançant vers moi, avec les
« domestiques d'Ayto Aylo, il me
« dit qu'il desiroit me parler en
« particulier. — « Bon, » lui ré-
« pondis-je d'un ton très-calme,

« je lis sur votre visage, que vous
« allez me conter un mensonge. Si
« cela est , je vous jure solennelle-
« ment que vous n'aurez jamais de
« moi la moindre récompense, pas
« même une parole agréable. La
« vérité et une bonne conduite vous
« obtiendront seules, ce que vous
« desirez. Peut-être, ce qui vous pa-
« roît très-important n'est rien à
« mes yeux. Mais, je vous le ré-
« pète, la vérité et une bonne con-
« duite sont les seuls moyens de
« réussir auprès de moi. Vous voyez
« bien , que je suis certain que
« vous n'êtes pas plus malade que
« je ne le suis moi-même. » —
« Seigneur, » me dit-il, en me re-
« gardant d'un air de confiance ,
« vous avez raison. Ce n'étoit qu'une

« feinte. Je n'ai point été incom-
« modé : mais je croyois que je
« devois faire semblant de l'être,
« pour ne pas être obligé de vous
« dire quel autre motif, bien plus
« puissant m'empêche d'aller à
« Géesh, et sur-tout de me montrer
« près des sources du Nil, qui, je
« l'avoue, ne sont pas loin d'ici ;
« mais où l'on ne peut néanmoins
« se rendre, sans gravir encore une
« montagne qui est entre ces sources
« et nous. »

« Et apprenez-moi, « répliquai-
« je tranquillement, » quelle est
« cette raison si puissante ? Est-ce
« un rêve, ou une vision, que vous
« avez eue, quand vous vous êtes
« arrêté près de l'Eglise ? «—Non,»
« répondit-il. « Ce n'est ni un rêve

« ni une vision, ni une diablerie, et
« je voudrois que ce ne fût rien de
« pire. Vous savez, aussi bien que
« moi, que Fasil, mon maître, à
« vaincu les Agows, à la bataille de
« Banja. J'y combattois avec lui;
« et j'y tuai de ma main plusieurs
« combattans, du nombre desquels
« étoient quelques habitans du vil-
« lage de Géesh. Enfin, vous con-
« noissez l'usage de ces contrées.
« Quand le vainqueur tombe entre
« les mains des parens ou des amis
« des vaincus, son sang doit être
« le prix du sang qu'il a versé. »

« Je ne pus entendre ces mots,
« sans laisser échapper un grand
« éclat de rire, qui déconcerta
« Woldo.-- « Eh bien ! » lui dis-je,
« ne vous avois-je pas prévenu que

« vous alliez me conter un men-
« songe ? Ne croyez pas pourtant
« que je veuille vous disputer le
« fatal honneur d'avoir tué des
« hommes. Puisque plusieurs ont
« péri dans cette bataille, il a bien
« fallu qu'ils tombassent sous les
« coups de quelqu'un ; et ce quel-
« qu'un peut être vous. Mais pensez-
« vous que je croie que Fasil, à qui
« l'on doit principalement imputer
« d'avoir versé le sang des Agows,
« les gouverneroit comme il le fait,
« si l'un de ses serviteurs n'etoit pas
« en sureté parmi eux à vingt milles
« de la capitale de sa province ?
« Pensez-vous que je croie cela ? »

« Allons, allons, « dit le domes-
« tique d'Ayto Aylo, « n'avez-vous
« pas entendu, Woldo, qu'on vous

« disoit, que la vérité et une bonne
« conduite vous obtiendroient tout
« ce que vous demanderiez. Sei-
« gneur, continua-t-il, en s'adressant
« à moi, je vois que tout cela vous
« fatigue, et que la chose que ce
« fou d'homme-là desire, ne vous
« rendra ni plus riche, ni plus pau-
« vre. Il souhaite passionnément
« que vous lui donniez la ceinture
« de soie cramoisie, que vous
« avez autour du corps. Je lui ai
« conseillé d'attendre, pour vous
« la demander que vous fussiez
« de retour ; mais il m'a répondu
« qu'il ne devoit vous accom-
« pagner que jusques chez le
« Shalaka Welled Amlac, dans
« le Maitsha, et qu'il n'iroit point
« à Gondar. Alors je lui ai dit de
« différer

« différer jusqu'à ce que vous fus-
« siez tranquille, et que vous eus-
« siez vu les sources du Nil, que
« vous étiez si impatient de con-
« templer; et il m'a répliqué, qu'a-
« près ce qui s'étoit passé, il étoit
« sûr que vous ne lui donneriez
« pas la ceinture, parce que vous
« aviez semblé faire peu de cas
« de la cataracte de Goutto et de
« toutes les belles rivières qu'il
« vous a montrées ; qu'enfin, à
« moins que le Nil ne vous parût
« à sa source, plus beau que toutes
« les autres rivières, quoique réel-
« ment il ne le soit pas, vous seriez
« mécontent, et qu'il n'obtiendroit
« point la chose qu'il desire avec
« tant d'ardeur ! »

« Je trouvai que les raisons de

« Woldo étoient assez naturelles.
« En outre, il disoit qu'il étoit cer-
« tain que si ma ceinture paroissoit
« jamais aux yeux de Welled
« Amlac, le Shaaka feroit si bien
« que je la lui donnerois. Ma cein-
« ture étoit belle : mais il auroit
« fallu qu'elle fût bien précieuse,
« pour que j'eusse balancé un
« seul instant à la sacrifier à l'ac-
« complissement de mes vœux.
« L'ayant donc ôtée, je dis à Woldo :
« Voilà qui est à vous ; mais son-
« gez bien à ce que je vous ai dit
« et que je vous répète très-sérieu-
« sement : la vérité et une bonne
« conduite, vous obtiendront de
« moi, tout ce que vous souhaite-
« rez. Toutefois s'il vous arrive
« encore de vouloir nous jouer un

« tour, quelque léger qu'il soit, je
« vous promets que je m'en ven-
« gerai de manière que vous ne
« saurez où cacher votre tête, et
« que non-seulement cette ceinture
« vous sera arrachée, mais que
« votre peau la suivra. Rappellez-
« vous de ce qui est arrivé au
« palefrenier à Bamba.

« Woldo prit la ceinture ; mais
« il parut atterré de mes menaces,
« et il chercha à s'excuser. ---
« Allons, allons, « lui dis-je,
« nous nous entendons l'un et l'au-
« tre. Plus de paroles. Il est déja
« tard. Conduisez-nous à Géesh,
« et aux sources du Nil. Montrez-
« moi la montagne qui nous en
« sépare. » -- Il nous fit passer
« alors au sud de l'église, et quand

« nous fûmes sortis du bosquet do
« cèdres qui l'environne : « c'est-
« là ; dit-il, en me regardant ma-
« licieusement, c'est-là la montagne
« qui, lorsque vous étiez de l'autre
« côté de l'église, se trouvoit en-
« tre vous et les sources du Nil. Il
« n'y en a point d'autre. Voyez
« cette éminence couverte de gazon,
« dans le milieu de ce terrain hu-
« mide. C'est-là qu'on trouve les
« deux sources que vous cherchez.
« Géesh est situé sur le haut du
« rocher, où l'on aperçoit ces
« arbrisseaux si verts. Si vous allez
« jusqu'auprès des sources, ôtez
« vos souliers, comme vous l'avez
« fait l'autre jour, car les habitans
« de ce canton sont tous des payens,
« cent fois pires que ceux de Goutto;

« et ils ne croient à rien de ce que
« vous croyez, si ce n'est au Nil
« qu'ils invoquent tous les jours
« comme un Dieu, ce que vous
« faites peut-être aussi vous-même.

« Quoique je fusse à moitié dés-
« habillé, depuis que j'avois ôté
« ma ceinture, je quittai mes sou-
« liers, et descendant précipitam-
« ment la colline, je courus vers
« la petite île verdoyante, qui étoit
« environ à deux cents pas de dis-
« tance. Tout le penchant de cette
« colline étoit tapissé de fleurs dont
« les grosses racines perçoient la
« terre; et comme en courant, j'ob-
« servois les peaux de ces racines,
« ou de ces oignons, je tombai deux
« fois très-rudement, avant d'être
« au bord du marais : mais je m'ap-

« prochai enfin de l'île revêtue de
« gazon. Je la trouvai semblable à
« un autel, forme qu'elle doit sans
« doute à l'art ; et je fus dans le
« ravissement en contemplant la
« principale source qui jaillit du
« milieu de cet autel.

« Il est plus facile d'imaginer que
« d'écrire ce que j'éprouvai alors.
« Je restai debout en face de ces
« sources, où depuis trois mille ans,
« le génie et le courage des hommes
« les plus célèbres avoient en vain
« tenté d'atteindre. Des rois ont
« voulu y parvenir à la tête de leurs
« armées : mais leurs expéditions
« ne sont distinguées les unes des
« autres que par le plus ou le moins
« d'hommes qui y ont péri ; et toutes,
« sans exception, se ressemblent

« par l'inutilité de ces pertes. La
« gloire et les richesses ont été pro-
« mises, pendant une longue suite
« de siècles, à l'homme qui auroit
« le bonheur d'arriver où des ar-
« mées n'avoient pu pénétrer; mais
« pas un seul n'avoit encore réussi ;
« pas un seul n'avoit pu satisfaire
« la curiosité des souverains, qui l'a-
« voient employé, remplir les vœux
« des géographes , et triompher
« d'une ignorance honteuse pour le
« genre humain.

« Mais, quoique je ne sois qu'un
« particulier, qu'un simple Anglais,
« je triomphois dans mon imagina-
« tion et des rois et de leurs armées.
« Toutes mes réflexions m'enor-
« gueillissoient de plus en plus,
« quand tout-à-coup, le lieu que je

« contemplois, l'objet même de ma
« vaine gloire, fut ce qui mit un
« terme à mon exaltation. Il n'y
« avoit que quelques minutes que
« j'étois arrivé aux sources du Nil,
« à travers une foule d'obstacles et
« de dangers, et je me rappelai que
« je n'étois encore qu'au milieu de
« mon entreprise, et que les mêmes
« obstacles, les mêmes dangers
« m'attendoient à mon retour. Un
« découragement secret s'empara
« de moi, et fit disparoître en un
« instant les lauriérs dont je venois
« de parer mon front, avec trop de
« témérité : mais j'éloignai bientôt
« ces tristes réflexions.

« Ayant appelé Stratès qui me
« contemploit sur le penchant de
« la colline, je lui dis : « Allons,

« prenez de cette eau, et buvez avec
« moi, à la santé de sa majesté
« George III, et à sa longue pos-
« térité. » Je tenois alors à la main
« une tasse de noix de cocos, que
« j'avois apportée d'Arabie, et je
« la remplis jusqu'au bord. Stratès
« but gaiement à la santé du roi,
« et il ajouta : « Confusion à ses
« ennemis ! » puis il ota son bon-
« net, et le fit tourner en l'air,
« avec un grand huzza (1) ! » —
« Maintenant, » lui dis-je, « ami,
« il faut vous rappeler un nom
« plus humble, mais sacré, le nom
« de — *Maria !* » Stratès me de-
« manda si c'étoit celui de la
« Vierge Marie ; et je lui répondis :

(1) Acclamation, ou cri de joie.

« en vérité , Stratès , je le crois. »

« — Il ne dit mot ; mais il fit un
« signe de mécontentement.

« La journée avoit été très-chaude,
« et la longue altercation que j'avois
« eue avec Woldo , m'avoit tant
« altéré que je n'avois pas besoin
« d'autre motif que de ma soif ,
« pour faire de fréquentes liba-
« tions auprès de cette source , si
« long-temps desirée , et qui est
« peut-être le plus ancien des au-
« tels. « Stratès » dis-je , « buvons
« à notre heureux retour. J'ai déja
« bu deux coups de plus que vous.
« Pouvez-vous jamais vous rassa-
« sier de cette excellente eau ? » —
« Tenez , monsieur, » me répon-
« dit-il gravement, « j'ai bu de
« bon cœur, à la santé du roi

« George, de sa femme, de ses en-
« fans, de ses frères, de ses sœurs ;
« que Dieu les conserve tous ! amen !
« Mais quant à la santé de votre
« Vierge Marie, je ne suis pas un
« papiste, et je vous prie de m'ex-
« cuser, si je ne réponds point à
« des santés qui ne conviennent
« point à *mon église*. -- Quant à no-
« tre heureux retour, Dieu sait que
« personne ne le desire plus ardem-
« ment que moi, je suis déja assez
« las de ce misérable pays. Mais
« vous devez me pardonner si je
« ne bois pas davantage. On dit
« que ces sauvages prient le diable,
« tous les matins, auprès de cette
« source ; et je crois que je sens
« ses cornes dans mon ventre, de-
« puis que vous m'avez fait avaler

« une si forte rasade de cette eau
« infernale. »

« L'eau étoit extrêmement fraî-
« che. «Allons, allons, » dis-je,
« Stratès, ne soyez point si récal-
« citrant. J'ai encore une santé à
« vous proposer. Celle-ci est pour
« Catherine, impératrice de toutes
« les Russies, et pour les succès
« de tous ses guerriers triomphans
« à Paros. Ecoutez la prédiction
« que je fais au pied de cet autel.
« Il ne s'écoulera pas encore bien
« des âges, sans que les lieux où
« nous sommes en ce moment, ne
« deviennent une partie florissante
« de ses vastes états. »

« Stratès fit alors un grand saut.
« Si le diable, » dit-il, « vous a
« déja révélé cela du fond de la
« source,

« source, il ne vous a pas fait at-
« tendre. Dites la vérité, et fi du
« diable ! voila le proverbe. Mais
« ce qui est vrai, est vrai, de quel-
« que part qu'il vienne. Donnez-
« moi votre tasse, et toute pleine
« encore. Je défie le diable, et je
« m'en rapporte à S. Georges et au
« dragon. Voici qui est à la santé de
« Catherine, impératrice de toutes
« les Russies. Que le ciel confonde ses
« ennemis, et envoie au diable tous
« les gens qui sont à Paros ! » — « Fort
« bien, l'ami, » m'écriai-je. « Vous
« avez été long-temps à vous déci-
« der ; mais ce n'a pas été sans in-
« tention. Pour moi, je suis bien
« sûr de n'avoir pas envoyé au
« diable, tous les gens qui sont à
« à Paros. » — « Et moi, je l'ai fait,

Tome VI.   F

« et je le ferai encore, «répondit-il.
« Au diable les gens qui sont à Paros,
« en Chypre, à Rhodes, en Crète
« et à Mytilène, par-dessus le mar-
« ché. Je bois encore en le souhaitant
« de tout mon cœur. Ainsi soit-il.
« Amen! » — « Et qui croyez-vous
« à Paros? » — « Et je vous prie,
« qui peut-y être, si ce ne sont les
« Turcs et les diables, la plus in-
« fâme race de monstres et d'op-
« presseurs qu'on puisse trouver
« dans le Levant? J'ai été à Paros,
« moi! y avez-vous été aussi? » —
« Que j'y sois allé, ou non, ce
« n'est pas de quoi il s'agit, Stratès.
« La flotte de Catherine et une ar-
« mée de Russes, selon toute appa-
« rence, s'y trouvent en ce mo-
« ment; et vous, sans y être pro-

« voqué, vous buvez pour envoyer
« au diable la flotte et l'armée de ces
« braves Russes, qui sont venus si
« loin pour combattre et pour vous
« rendre la liberté et l'exercice de
« votre religion. Vous n'êtes pas
« Grec ; à peine méritez - vous le
« nom de chrétien. » -- « Ah! Mon-
« sieur, » s'écria Stratès, ne redites
« pas cela. J'aimerois mieux mou-
« rir. Je ne vous ai pas d'abord
« compris , lorsque vous m'avez
« parlé de Paros. Je n'ai dans lo
« cœur, aucun sentiment de haine
« contre les Russes. Que Dieu les
« protège, et que ma folie ne puisse
« leur causer aucun mal ! Huzza
« et victoire à Catherine! » en pro-
« nonçant ces derniers mots , il
« faisoit voler son bonnet.

F 2

« Un grand nombre d'Agows
« avoient paru au haut de la colline,
« et nous contemploient en silence
« et avec étonnement, Stratès et
« moi, tandis que nous étions au-
« près de l'autel. Deux ou trois d'en-
« tr'eux s'étoient même avancés,
« jusqu'au bord du marais. Ils
« avoient bien vu les grimaces de
« Stratès, et entendu son huzza :
« aussi n'avoient-ils pas manqué de
« demander à Woldo, ce que cela
« signifioit ? — Woldo leur dit que
« cet homme étoit fou, et avoit été
« mordu par un chien enragé, ce
« qui leur ôta toute inquiétude. Ils
« dirent même que le malade seroit
« infailliblement guéri par le Nil ;
« mais que l'usage en pareil cas,
« étoit de boire de l'eau à jeun. Je

« fus très-content, non-seulement
« que Woldo eût donné cette tour-
« nure à ce que nous avions fait,
« mais que nous eussions découvert
« par hasard, un remède qui nous
« montre qu'il subsiste encore de
« nos jours une connexion entre le
« Nil et son ancienne régulatrice,
« la constellation du chien.

« Les Agows du Damot rendent
« au Nil des honneurs divins. Ils ont
« offert et ils offrent encore des
« milliers d'hécatombes au dieu
« qu'ils croient résider dans la
« source du fleuve. Ce peuple est
« divisé en tribus; et il est important
« d'observer que jamais il n'y eût la
« moindre haine, la moindre ani-
« mosité héréditaire entre deux de
« ces tribus. Si quelque inimitié

« jamais a pris naissance, elle n'a
« pas passé l'époque de la convoca-
« tion de toutes les tribus, dont la
« réunion a lieu, tous les ans, aux
« sources du fleuve, et pendant la-
« quelle les Agows sacrifient au Nil,
« qu'ils appellent le *Dieu de la*
« *Paix*. L'une des moins nombreu-
« ses et des moins puissantes de ces
« tribus, a toujours conservé la
« prééminence sur les autres, parce
« que c'est dans son territoire, et près
« du misérable village, auquel elle
« a donné son nom, qu'on trouve
« les sources du Nil, si long-temps
« cherchées.

« Cependant, quoique le village
« de Géesh ne soit pas éloigné de
« plus de six cents pas des sources
« du Nil, il ne peut pas être aperçu

« de ceux qui sont auprès de ces
« sources. La plaine où elles se
« trouvent, se termine en un pré-
« cipice de trois cents pieds de pro-
« fondeur, au-dessous duquel est
« une autre plaine, celle d'Assoa ;
« et cette dernière se prolonge
« toujours à-peu-près au même
« niveau, jusqu'à soixante et dix
« milles dans le sud, où l'on
« revoit le Nil, qui a déja fait un
« grand circuit autour des provinces
« de Gojam et de Damot »

Le précipice de Géesh semble
avoir été formé exprès à divers
étages, sur chacun desquels il y a
un groupe de huit ou dix maisons,
placées çà et là. Elles occupent
toutes ensemble, la moitié, ou les
deux tiers du rocher. Ce qui a dé-

terminé les habitans à choisir cette position, c'est la crainte des Gallas, qui envahissent souvent cette partie de l'Abyssinie, et qui ont quelquefois exterminé des tribus entières d'Agows.

Dans le milieu du rocher, en allant droit au nord et vers les fontaines, on trouve une caverne immense. Notre voyageur ne peut dire si elle est l'ouvrage de la nature, ou de l'art. Plusieurs sentiers sont pratiqués dans cette caverne, de sorte qu'un étranger qui y entreroit seul, ne pourroit en sortir qu'avec beaucoup de peine. Ce labyrinthe est assez grand, pour contenir, au besoin, les habitans du village et tout leur bétail. Il y a encore deux ou trois autres ca-

rernes, moins vastes que la première : mais M. Bruce ne les a point
vues. Il se contenta d'entrer dans
celle-ci, et plusieurs jours de suite,
il s'y fatigua, en s'enfonçant vers
le nord, le plus qu'il lui étoit possible ; mais quand il avoit fait plus
de cent pas, l'air étoit si humide
que les flambeaux étoient prêts à
s'éteindre. D'ailleurs les habitans
avoient de la répugnance à satisfaire
sa curiosité. Ils l'assurèrent qu'il
ne trouveroit rien de plus remar-
quable que ce qu'il voyoit déja.

Le côté du rocher qui fait face
au sud, offre la perspective la plus
pittoresque, quand on le contemple
de la plaine d'Assoa, qui est au bas.
On n'aperçoit, à différens étages,
qu'une partie des maisons, à tra-

vers les arbres et les arbustes, dont tout le rocher est couvert. Des plantes épineuses, de la plus dangereuse espèce, dérobent l'entrée des cavernes, et forment une barrière impénétrable pour tous ceux qui ne connoissent pas le passage. Les maisons n'ont de communication, les unes avec les autres, que par des sentiers étroits et tortueux, à travers ces mêmes plantes, qu'on laisse croître dans toute leur force, et qui présentant l'aspect le plus sauvage, servent de défense aux habitans. Des arbres, grands et majestueux, mais épineux pour la plupart, couronnent le haut du rocher, et semblent ainsi plantés sur le bord, pour empêcher les personnes qui s'en approchent de se précipiter dans la plaine. Tous ces arbres, ainsi que les arbustes qui tapissent le rocher jusqu'en bas, se parent, chaque année, des fleurs les plus curieuses par leur couleur et leur variété. Il n'y a en Abyssinie, ni buisson, ni plante épineuse qui ne produise des fleurs magnifiques.

Au haut du rocher de Géesh, on trouve, en allant droit au nord, une pente assez douce, qui conduit au bord d'un marais triangulaire de quarante-trois brasses et deux pieds de large, de ce point-là jusqu'aux sources, et de cent quarante-trois brasses et deux pieds, à partir du bord du rocher, au-dessus de la maison du prêtre du Nil, où logeoit M. Bruce.

En supposant que ce fût un triangle rectangle, il a quatre-vingt-dix-huit brasses de long, ou du moins il les avoit, le 6 novembre, 1770 ; car il n'y a pas de doute que, semblable à tous les autres, celui-ci ne varie dans ses dimensions suivant la sécheresse ou la pluie.

Les Agows rassembloient jadis sur le rocher qui est au milieu de la plaine, les os des animaux qu'ils offroient en sacrifice au Nil. Ensuite ils y mêloient quelques morceaux de bois, et ils y mettoient le feu : mais cet usage a cessé, ou du moins il a changé de place, et on le pratique près de l'Eglise : car Michaël et Fasil laissent à ce peuple une entière liberté dans l'exercice de son culte.

Vers

Vers le milieu du marais, on voit une éminence, de forme circulaire. Elle a trois pieds au-dessus de la surface de ce même marais, et paroît en avoir davantage au-dessous. Son diamètre est d'un peu moins de douze pieds, et elle est environnée d'une tranchée, qui rassemble l'eau, et qui la force à s'écouler du côté du levant. Le tout est construit très-solidement, avec des plaques de terre, revêtues de gazon, qu'on prend aux environs du marais, et qu'on entretient avec beaucoup de soin. C'est sur cet autel que les Agows font leurs cérémonies religieuses. Dans le milieu de l'autel même, il y a un trou fait, ou au moins élargi, par la main des hommes. On a grande

Tome VI. G

attention d'empêcher qu'il ne pousse aucune herbe, tout autour et au-dedans de ce trou : aussi, l'eau y est-elle très-pure, très-limpide et parfaitement tranquille. L'ouverture a trois pieds moins un pouce de diamètre. La première fois, que la vit M. Bruce, c'est-à-dire, le 5 novembre 1770, l'eau s'élevoit à deux pouces seulement au-dessus du bord ; et pendant tout le temps qu'il fut à Géesh il ne s'aperçut pas qu'elle haussât, ni qu'elle baissât, quoique l'on en puisât souvent. Cette source a six pieds six pouces de profondeur.

A dix pieds de cette première source, un peu à l'ouest du midi, on voit la seconde, qui a onze pouces de diamètre, et huit pieds trois pouces de profondeur. A environ vingt pieds de la première, il y en a une troisième au sud-sud-ouest. Celle-ci a un peu moins de dix pieds d'ouverture, et la profondeur en est de cinq pieds huit pouces. Elle est, ainsi que la seconde, au milieu d'un petit autel, construit dans le même genre que celui que l'on vient de décrire, mais n'ayant qu'environ trois pouces de diamètre, et une base moins elevée. L'autel de cette troisième source sembloit presque détruit par l'eau qui s'élevoit jusqu'au bord, comme à celui de la seconde; et ces deux derniers autels laissent échapper un petit filet d'eau, par le pied. Cette eau va se réunir dans la tranchée de la première source. De là, elle prend son

cours vers la pointe du triangle
qui fait face au levant, et elle
forme un courant, qui pourroit,
selon M. Bruce, remplir un tuyau
de deux pouces de diamètre.

L'eau de ces sources est très-
bonne et n'a point de goût. Notre
voyageur la trouva extrêmement
fraîche, quoi qu'elle demeurât ex-
posée à toute l'ardeur du soleil.
Les arbres les plus près sont ceux
qui couronnent la montagne de
Géesh du côté du midi, et ceux
qu'on voit au nord, près de l'é-
glise de Saint-Michel, église qui,
comme toutes celles de l'Abyssinie, se trouve au milieu d'un bosquet.

Le lendemain de l'arrivée de
M. Bruce à Géesh, le temps étant

très-beau , le ciel sans nuages, l'air presque calme , et tout enfin , paroissant très - favorable à des observations astronomiques, il céda à l'impatience qu'il avoit de déterminer d'une manière précise le point du globe où sont ces sources , si long-temps inconnues. Il planta sa tente au nord , sur le bord de la montagne de Géesh , et immédiatement au-dessus de la maison du prêtre du Nil. Il vérifia ses instrumens , avec tout le soin possible, tant au zénith qu'à l'horison. Il prit la plus grande hauteur du soleil au méridien , avec un quart de cercle de trois pieds de rayon , et après avoir fait toutes les équations et les déductions nécessaires , il trouva la latitude du lieu où il étoit, par les 10º 59′ 11″. Le lendemain, à la même heure, il renouvela son observation dont le résultat fut 10° 59′ 8″. Ensuite le *medium* de trente-trois observations d'étoiles, les plus grandes et les plus près qu'il pût saisir, les premières étant verticales, lui donna 10° 59′ 10″. « Si je « voulois être inutilement scrupu- « leux, » dit-il « je pourrois ajouter « 15″; car je fis mes observations « à une certaine distance au sud de « l'autel, et alors on auroit en nom- « bre rond, pour la latitude « exacte de la principale source « du Nil, 10° 59′ 25″. Les jé- « suites avoient dit au hasard, « que cette latitude étoit par 12° « nord. Mais comme c'est-là pré-

« cisément la latitude de Gondar ,
« ville d'où ils partirent vainement,
« cela prouve qu'ils ne connois-
« soient pas bien la position d'au-
« cun de ces endroits. » D'après
une observation du premier satel-
lite de Jupiter , notre voyageur
trouva que la longitude de la première source est par 36° 55′ 3o″ ,
à l'est du méridien de Greenwich.

M. Bruce venoit d'obtenir ce
qui depuis plusieurs années avoit
été l'objet de son ambition et de
tous ses vœux : mais l'indifférence
succéda tout-à-coup à la possession ,
suivant la foible et malheureuse
disposition du cœur humain , qui
ne lui permet jamais de jouir com-
plettement de rien. Le marais et
les sources du Nil ne lui parurent

presque plus qu'une bagatelle, en comparaison de beaucoup d'autres rivières. Il se rappela le spectacle magnifique qu'offre son pays natal (l'Ecosse), où la Tweed, la Clyde, l'Annan, jaillissent de la même montagne. Il avoit vu les sources du Rhin et du Rhône, et les sources de la Saône, plus magnifiques encore. Il commença donc à regarder le desir de connoître les sources du Nil, comme le délire d'un cerveau malade. La tristesse et le découragement s'emparèrent alors totalement de son esprit. Se trouvant plus abattu que ranimé par quelques instans d'un sommeil inquiet, qu'il venoit de goûter, il sauta hors de son lit, avec un transport de désespoir, et il sortit de sa tente.

Tout étoit tranquille autour de lui. Le Nil à la source duquel il se trouvoit, ne pouvoit ni provoquer, ni interrompre son sommeil : mais la fraîcheur de l'air remonta ses nerfs, et dissipa les vapeurs accablantes qui l'avoient tourmenté dans son lit.

» Pendant mon séjour à Jidda », dit-il, « je m'étois procuré du vif-« argent très-pur et plus pesant « qu'il ne l'est ordinairement. Je fis « chauffer un tube et je le remplis « de ce vif-argent : mais à mon « grand étonnement, je trouvai qu'il « s'élevoit à la hauteur de 22 pouces « anglais. Soupçonnant alors qu'il « pouvoit s'être introduit un peu « d'air dans le tube, je le portai « dans l'endroit le plus chaud de ma

« tente, je le couvris et j'allai me
« remettre dans mon lit, où je
« m'endormis profondément, jus-
« qu'à six heures du matin. A mon
« réveil, j'allai revoir mon tube.
« Je le trouvai bien en ordre, et
« toujours à 22 pouces anglais. Ni
« ce jour-là, ni le reste du temps
« que je fus à Géesh, il ne varia
« sensiblement, et j'en conclus que
« les sources du Nil sont élevées
« de plus de deux milles au-dessus
« du niveau de la mer, hauteur
« prodigieuse pour jouir d'un ciel
« toujours pur et d'un soleil très-
« chaud, qui ne se voile jamais de-
« puis l'instant où il se lève, jusqu'à
« celui où il se couche.

« Le 6 novembre, à cinq heures
« et un quart du matin, le ther-

« momètre de Farenheit étoit à
« 44°; à midi, il s'éleva à 96°, et
« au coucher du soleil à 46°. —
« Pendant la nuit il faisoit froid,
« et plus encore, une heure avant
« le lever du soleil ».

Le Nil, après avoir traversé le milieu du marais où sont ses sources, va droit à l'est jusqu'à la distance d'une centaine de pas, sans que ses eaux croissent beaucoup, quoiqu'on s'aperçoive d'une augmentation. Bientôt il tourne autour du territoire verdoyant de Sacala; et là, il va un peu vers le nord-est, ensuite droit au nord. Tandis qu'il suit cette direction, l'espace de deux milles, il reçoit le tribut de plusieurs sources qui naissent de chaque côté de ses bords. Il y en a deux sur-tout, assez remarquables ; la première dont l'eau jaillit de la colline , sur laquelle est l'église de Saint-Michel-Géesh, et la seconde, qui coule un peu plus bas, de l'autre côté du Nil. Ces deux sources doublent au moins le volume de ses eaux, qui, arrivées au-dessous de la montagne , où l'on a bâti l'église de Saint - Michel-Sacala , suffiroient pour faire tourner un moulin.

L'eau du Nil , dans cette partie de son cours est claire et coule dans un lit, qui a environ trois brasses de largeur, et très-peu de profondeur. Cependant il faut observer que tout cela varie , selon la saison ; et que ce tableau peint l'état du Nil , au 5 novembre , où les pluies ont cessé depuis plusieurs semaines.

Il

Il n'y a peut-être pas au monde
entier, un lieu plus agréable que
celui-là. Au moment où M. Bruce
y trouvoit, les collines étoient
entièrement tapissées de la plus
brillante verdure, et leurs sommets se couronnoient d'arbres majestueux. Nos voyageurs s'assirent
au bord du Nil. Des arbres touffus
croissoient à l'entrée du gué. Leurs
jeunes branches sembloient moins
chercher à s'élever, qu'à se pencher
amoureusement sur les eaux. Elles
étoient parées de belles fleurs jaunes,
semblables à des roses de la même
couleur, mais exemptes d'épines.

Après avoir examiné au moins
cinquante fois le gué du Nil,
M. Bruce n'y vit jamais plus d'eau
qu'il n'en faudroit pour faire al-

ler un moulin. Au-dessous de ce
gué, le Nil tourne à l'ouest. Après
avoir couru environ quatre milles
dans cette direction , presque
toujours sur un fond de cailloux
et de roches détachées, l'angle d'inclinaison s'accroît , l'eau paroît
plus agitée, et tombant bientôt en
cascade de six pieds de haut, le
fleuve quitte ses montagnes natales,
et traverse la plaine de Goutto , où
est la première cataracte. Arrivé
dans cette plaine, le Nil semble
avoir perdu toute sa violence. A
peine s'aperçoit-on qu'il ait un
cours. Il serpente tellement qu'il
fait au moins vingt péninsules très-
alongées , dans l'espace de cinq
milles , et au milieu d'une plaine
argileuse , marécageuse , dépourvue

de toute espèce d'arbres, et où il est fort incommode et fort désagréable de voyager.

En sortant de cette plaine, le Nil court droit au nord, et reçoit dans son sein, plusieurs petites rivières, telles que le Gometh, le Gougneri, le Kebezza, qui descendent des montagnes d'Aformasha, et qui se réunissent pour se jeter dans le fleuve, à vingt milles au-dessous de ses sources. Là, il commence à courir avec rapidité, et reçoit encore diverses autres jolies rivières, qui prennent naissance dans les hauteurs du Litchambara, chaîne de montagnes, de forme demi-circulaire par derrière celle d'Aformasha. Plusieurs rivières sortent de là, et vont aussi se jeter dans le Nil, à un mille à l'occident de l'église d'Abbo, et après s'être réunies toutes dans le Davola.

Le Nil est alors devenu très-considérable ; et de là, à trois milles plus loin, ses bords sont escarpés et couverts de grands arbres. Il court vers le nord-est, fait un grand détour , et reçoit la petite rivière de Diwa, qui vient de l'est. Il décrit un demi-cercle , il reçoit la Dy-Ohha , et tournant tout-à-coup vers l'est , il forme la seconde cataracte , ou cataracte de Kerr.

A trois milles au-dessous de cette cataracte, le vaste et limpide Jemma paie son tribut au Nil. quoique le cours du fleuve soit alors principalement au nord , il va dans le Maitsha à l'est , dans

les districts d'Aroussi et de Sankra
ber, à l'ouest, puis il tourne vers
le lac Tzana ; et après avoir reçu
les petites rivières de Boha et d'Am-
lac-Ohha, qui viennent de l'ouest,
et les grandes rivières d'Assar,
d'Aroussi et de Kelti, qui viennent
de l'est, il traverse ce même lac
dans son extrémité méridionale,
qui a sept lieues de large. Le Nil
y conserve la couleur de ses eaux
qui sont distinctes de celles du lac;
et courant vers l'ouest, il va sortir
dans le territoire de Dara, où il
y a un gué très-dangereux et très-
profond à peu de distance du lac.
Le fleuve, en cet endroit, a non-
seulement de la profondeur, mais
beaucoup de rapidité. Ses bords sont
très-élevés et couverts d'une ver-

dure charmante et variée. Immédiatement au-dessous de Dara, le Nil vient servir de limite à cette langue de terre basse, qu'on appelle le Foggora. Là, il se trouve entre le lac et les montagnes du Begemder, jusqu'à ce qu'il arrive à Alata, où est la troisième cataracte. Alata est un petit village habité par des mahométans, et bâti sur la rive orientale du fleuve. « Il faudroit », dit M. Bruce, « une imagination « plus poétique, et une plume plus « élégante que la mienne, pour dé- « crire le spectacle qu'offre la ca- « taracte d'Alata et tout ce qui l'en- « vironne. Mais il m'est impossible « de rendre des beautés si sublimes, « et qui ne sortiront jamais de ma « mémoire ».

Le cours du Nil est alors au sud-est, et il continue à suivre la même direction, en arrosant la partie occidentale du Begemder et de l'Amhara, sur la droite. Puis il enclave la province de Gojam; et dans le circuit qu'il fait, il va droit au même point où il prend sa source. Le Gojam est tout entier à sa droite.

Le Nil reçoit là un grand nombre de rivières. En sortant du Begemder et de l'Amhara, il passe au-dessous de Walaka. Son cours est droit au sud. Il traverse le haut et le bas Shoa. En s'éloignant de cette province, il tourne vers le sud-ouest et vers l'ouest-nord-ouest. Alors il renferme presque tout le midi du Gojam. Sur les bords même du fleuve, en tirant vers le nord est le royaume de Bizamo. Au-dessus de ce royaume, le Nil va droit au nord ; et par les contours qu'il a faits, il se trouve revenu à soixante-deux milles seulement de sa source. Il est là très-profond, très-rapide, et l'on ne peut le passer au gué que dans certaines saisons de l'année. Les Gallas sont les seuls, qui pour faire des incursions en Abyssinie, le traversent en tout temps. Les crocodiles sont en très-grand nombre, dans cette partie du Nil, dont on vient de parler.

Le pays des Gongas est borné au nord par une vaste chaîne de montagnes, excessivement élevées. Le Nil semble s'être ouvert forcé-

ment un passage à travers l'immense barrière que lui opposoient
ces montagnes, et il forme une cataracte de deux cent quatre-vingts
pieds de haut. Immédiatement après
cette cataracte, on en voit deux
autres, toutes deux considérables,
si on ne les compare pas à la première.

Le Nil arrive enfin près de Sennaar, dans une direction presque
nord et sud, puis il retourne brus-
quement vers l'est; et remplissant
son lit, il offre un coup-d'œil magnifique, dans la belle saison.

Après avoir baigné les murs de la
ville de Sennaar, ce fleuve passe à côté
de plusieurs autres grandes villes, ha-
bitées par des Arabes, qui tous sont
blancs. Ensuite il vient à Gerry, et

court vers le nord, pour se réunir au Tacazzé (1); mais avant de rencontrer ce dernier fleuve, il passe près de la grande et ancienne ville de Chendi.

Quand le Nil s'est réuni au Tacazzé, il suit son cours droit au nord, pendant l'espace de plus de deux degrés du méridien. Ensuite il va, tout-à-coup, à l'ouest, quart de sud, et il parcourt un plus long espace encore, dans cette direction, en tournant un peu, avant d'arriver à Korti, la première ville du royaume de Dongola. Alors le

(1) Ou le Siris. Après s'être joint à ce fleuve, le Nil ne se mêle plus, à aucune autre eau, jusqu'à l'instant où il se jette dans la mer d'Alexandrie.

Nil renferme, par trois côtés, le grand désert de Bahiouda ; et le chemin qu'on suivoit pour se rendre de Dereira à Korti, avant qu'il fût intercepté par les Arabes, borne ce désert, et fait le quatrième côté du carré. C'est par ce chemin que M. Poncet, et après lui, l'infortuné M. du Roule, se rendirent au Sennaar, quand ils entreprirent le voyage d'Abyssinie.

A Korti, le Nil tourne presque au sud-ouest. Il passe à Dongola, pays des pasteurs. De là il vient à Moscho, ville considérable, et heureusement située pour le voyageur fatigué, dont la caravane vient de traverser le grand désert de Selima, qui a près de cinq cents milles de large.

En s'éloignant de Moscho, le Nil tourne graduellement vers le nord-est. Il rencontre par la latitude de 22° 15', une chaîne de montagnes, du haut desquelles il se précipite, en formant la septième cataracte, celle de Jan-Adel. Courant toujours droit au nord-est, il passe à Ibris et à Deir, sur la frontière d'Egypte. En tombant dans le pays des Kennouss, il forme sa huitième cataracte. On connoît son cours dans le reste de l'Egypte, et son embouchure dans la Méditerranée.

Après avoir décrit le cours du Nil, M. Bruce rend compte des causes du débordement périodique de ce fleuve. Les voici : les pluies du tropique, produites par l'action

d'un

d'un soleil excessivement ardent, et tombant chaque année en abondance, dans la même saison, sont uniformément la cause de ce débordement. Le soleil demeurant quelques jours, presque stable dans le tropique du capricorne, raréfie tellement l'air, dans cette zone, que les vents chargés de particules aqueuses, y accourent à-la-fois de la mer Atlantique et de l'océan indien, c'est-à-dire, de l'occident et de l'orient. En outre, le vent du midi, imprégné de vapeurs, qui se sont condensées sur cette haute chaîne de montagnes, placées non-loin du sud de la ligne, et formant une espèce de dos d'âne sur la péninsule d'Afrique, court vers le nord, comme les autres vents,

et fournit de quoi y rétablir l'équi-
libre.

Quand le soleil a rassemblé cette
immense quantité de vapeurs , il
les met en mouvement , et les en-
traîne dans sa marche rapide vers
le nord. Deux années de suite , il
est arrivé que le 7 de janvier ,
cet astre sembla avoir étendu son
pouvoir jusque sur l'atmosphère
de Gondar , quand , pour la première fois , il apparut dans un ciel
blanc , et ombragé de légers nuages. Il étoit alors à 34° du zénith ,
et il y avoit plusieurs mois qu'on
n'avoit vu le plus petit nuage , la
moindre tache obscure , dans le
firmament. En s'avançant vers la
ligne , avec une vélocité toujours
croissante , et décrivant une plus

grande spirale, le soleil porte à Gondar, les premières ondées de pluie, le premier mars, c'est-à-dire, lorsqu'il n'est qu'à 5° du zénith. Elles sont bientôt absorbées par une terre altérée, ces pluies, qui tombant en grosses gouttes détachées, et seulement pendant quelques minutes, semblent avoir d'abord épuisé les efforts de l'astre qui les a produites. La saison pluvieuse, cependant, se fait bientôt après, sentir sérieusement dans chaque partie de l'Abyssinie, à mesure que le soleil arrive à son zénith; et les pluies augmentent encore et tombent constamment, quand il l'a passé, et qu'il s'avance vers le nord. Avant cette époque, on voit flotter dans le

Bahar el Abiad (le fleuve blanc), des feuilles et des branches d'arbres , qui annoncent que les pluies sont déja abondantes, dans la latitude où le soleil se lève. M. Bruce croit , d'après ce que lui ont dit les Gallas , qui ont traversé ce fleuve , ou qui habitent sur ses bords , qu'il doit être à environ 5° de la ligne.

En avril , toutes les rivières de l'Amhara , du Begemder et du Lasta commencent à changer de couleur , puis à croître , et conséquemment à porter un tribut plus considérable au Nil. Ce fleuve se précipitant alors , avec plus de rapidité , du haut de l'angle d'inclinaison qu'il décrit, s'ouvre violemment un passage , à travers les eaux

stagnantes du lac Tzana. Dans les premiers jours de mai, cent rivières différentes viennent des provinces du Gojam, du Damot, du Maitsha, du Dembea, se jeter dans ce même lac, que six mois d'évaporation continuelle ont extrêmement diminué, mais qui se remplissant de nouveau, fournit une grande quantité d'eau au Nil, avant que ce fleuve arrive à la cataracte d'Alata.

Dès le commencement de juin, le soleil a dépassé l'Abyssinie ; mais toutes les rivières sont pleines ; car c'est pendant le peu de jours que cet astre est comme stable dans le tropique du cancer, que les pluies tombent avec le plus d'abondance dans ces contrées.

A l'instant où le soleil a franchi la ligne, il fait commencer la saison des pluies, dans tous les lieux au zénith desquels il passe. Mais comme la situation et les besoins de ces contrées sont différens de ceux de l'hémisphère septentrional, la manière dont les arrosemens ont lieu, diffère aussi. Une longue chaîne de montagnes se prolonge depuis le 6° sud, dans le milieu du continent d'Afrique, jusque vers le cap de Bonne-Espérance, et partage la partie méridionale de la péninsule, à-peu-près de la même manière que le Nil en partage la partie septentrionale. Un vent violent du midi, arrêtant le progrès des vapeurs condensées, les brise contre les froids sommets de ces mêmes montagnes, et elles forment différentes rivières qui coulent à l'est ou à l'ouest, suivant la pente du terrain qui se trouve au-devant. Si cette pente est à l'ouest, les rivières vont grossir la mer atlantique. Si elle est à l'est, elles portent leurs eaux dans l'océan Indien.

Trois choses remarquables accompagnent toujours les débordemens du Nil. Voici la première : La matinée est alors très-belle en Abyssinie, et le soleil brille dans tout son éclat. Vers neuf heures, il paroît à l'orient un petit nuage d'environ quatre pieds de diamètre, qui s'avance en tournoyant avec rapidité : mais en arrivant près du zénith, son mouvement se ralentit, il change de forme, il s'étend excessivement, et il semble pomper les vapeurs de tous les points de l'horison. Les nuages qui s'élèvent ensuite, ayant presque atteint la même hauteur que le premier, se heurtent avec violence. L'air pressé par la pesanteur des nuages les plus hauts, fait à son tour impression sur les autres, et à l'instant qu'il s'échappe dans l'espace qui lui est ouvert, on entend les plus terribles coups de tonnerre, qui bientôt après sont suivis de pluie. Au bout de quelques heures, le ciel s'éclaircit, le vent souffle du nord; et il fait un froid désagréable, toutes les fois que le thermomètre est au-dessus de 63°.

La seconde observation que M. Bruce a faite, c'est la variation du thermomètre. Quand le soleil est dans le tropique du capricorne, c'est-à-dire, à 36° du zénith de Gondar, le thermomètre est rarement au-dessous de 72° (1); mais il tombe à 60° et à 59°, dès que le soleil est vertical. Aussi la pluie, heureusement, diminue les effets que pourroit produire un soleil si ardent.

Enfin la troisième chose digne d'être remarquée, c'est la limite invariable des pluies du tropique, du côté du nord. Le soleil a entraîné les vapeurs depuis la ligne, et semble devoir les maîtriser plus que

(1) Le thermomètre de Fareinheit.

jamais : cependant, son influence est bornée là, et il ne reprend son empire, qu'en revenant au zénith de Gerri. Là, il fait cesser les pluies, jusqu'à la ligne, pour en aller faire tomber des déluges dans le sud.

On a proposé comme un problême très-important à résoudre, de savoir s'il est possible de porter le cours du Nil dans la mer Rouge, pour affamer l'Egypte? M. Bruce croit qu'il seroit plus à propos de demander si les eaux du Nil, qui viennent en Egypte, pourroient être diminuées, ou détournées, au point de ne plus suffire pour inonder et fertiliser les terres? Alors on pourroit répondre qu'il semble que cela est très-possible, puisque le Nil et toutes les rivières qui le joignent dans son cours, sortent d'un pays qui est à plus de deux milles au-dessus du niveau de la mer, et que toutes les pluies qui grossissent ces rivières tombent dans le même pays. On ne peut certainement pas nier qu'il n'y ait assez de pente pour jeter la plupart de ces rivières dans le golfe d'Arabie, dans l'océan Indien, ou dans la mer Atlantique. Peut-être même seroit-il encore plus aisé de détourner le cours du Bahar el Abiad (le fleuve blanc), et de le mettre de niveau avec le Niger, ou de le faire passer, dans le désert, droit à la Méditerranée.

On a déja vu que Lalibala avoit entrepris, avec une grande appa-

rence de succès, de diminuer les
eaux du Nil. Ce prince dont tout
concourut à augmenter la puissance,
et qui d'ailleurs étoit un homme
plein de courage et de capacité, auroit, sans doute, réussi complette-
ment dans son projet, s'il y avoit
persévéré ; car il est certain qu'i
n'y a point dans la nature de loi
qui le combatte ; et tous les obstacles diminueront en raison du
caractère et de la puissance de celui
qui entreprendra de les vaincre
Alexandre le Grand y auroit réussi
dit M. Bruce; mais son père ne l'eût
pas fait. Peut-être que Louis XIV
auroit accompli un tel dessein, aussi
aisément qu'il réunit les deux mers :
mais c'est, sans contredit, le seul
monarque européen qu'on peut juger

ger avoir été capable d'entreprendre et d'achever d'aussi grands travaux.

L'idée d'exécuter le projet de
Lalibala, subsista tant que la famille des rois d'Abyssinie vécut
au midi de l'empire, en Shoa,
dans le voisinage, et quelquefois
même, sur les lieux où l'entreprise
avoit été commencée. Mais quand
la cour alla résider dans le nord,
les immenses travaux des anciens
rois, et les lieux où ils sont, furent
insensiblement oubliés. On a vu cependant, que Tecla Haimanout Ier,
au commencement de ce siècle,
se plaignant, dans une lettre,
adressée au Pacha du Caire, du
meurtre de l'ambassadeur français,
du Roule, disoit que si la régence,

turque continuoit à se conduire
d'une manière aussi odieuse, il se
serviroit du Nil, comme d'un ins-
trument de ses vengeances, parce
qu'il en tenoit les clefs dans sa
main, et qu'il pouvoit, à son gré
donner à l'Egypte l'abondance ou
la famine.

Quant au projet de jeter le Nil
dans la mer Rouge par la Nubie ou
la haute Egypte, cela ne mérite
point de réponse. Quel seroit le
motif d'une telle entreprise ? Les
Egyptiens pourroient-ils permet-
tre qu'on exécutât dans leur propre pays, des travaux qui n'auroient d'autre but que de leur oc-
casionner la famine ? et si ce pays
étoit envahi par un ennemi, l'in-
térêt du conquérant seroit-il ja-

mais 'de ruiner ses nouveaux sujets, et de les réduire à la nécessité de périr de faim ?

« Après avoir entretenu le lec-
« teur, de choses, qui, je l'espère, »
« dit M. Bruce, « ne lui paroîtront
« ni indifférentes, ni ennuyeuses,
« il faut retourner à Woldo, qui
« s'étoit occupé à préparer notre
« réception, avec le chef du village
« de Géesh. A notre entrée dans
« ce village, nous trouvâmes que
« notre guide avoit déja pris des
« mesures, qui nous convainqui-
« rent de son intelligence et de
« son attachement. Tous les pau-
« vres Agows, rassemblés autour
« de lui, avoient trop d'inquiétu-
« des, trop d'appréhensions à notre
« sujet, pour ne pas faire beaucoup

« de questions sur le temps que
« nous séjournerions parmi eux.

« Le cheval que l'on conduisoit
« devant nous , leur avoit déja ap-
« pris que nous appartenions à
« Fasil. En conséquence, ils crai-
« gnoient d'être obligés de nous
« fournir des subsistances , ou , en
« d'autres termes , ils craignoient
« que nous ne vécussions chez
« eux à discrétion , tout aussi
« long-temps que cela nous feroit
« plaisir. Mais Woldo dissipa toutes
« leurs craintes. Il leur apprit
« que le roi m'avoit donné le vil-
« lage de Géesh ; que l'avarice et
« la tyrannie de Fasil cessoient dès
« ce jour-là ; et qu'un nouveau
« maître étoit venu pour passer
« gaiement quelque temps parmi

« eux, avec la résolution de leur
« payer tous les services qu'ils lui
« rendroient, et de ne rien acheter
« qu'argent comptant. Il ajouta
« qu'en outre, il ne seroit plus
« exigé d'eux aucun service mili-
« taire, ni par le roi, ni par le gou-
« verneur du Damot, ni par leur
« maître actuel, qui n'avoit point
« d'ennemis. Ces nouvelles circu-
« lèrent avec rapidité, et nous
« fûmes accueillis avec beaucoup
« de joie.

« Woldo avoit demandé une
« maison pour moi, au Shum, qui
« eut l'honnêteté de me céder la
« sienne. Elle étoit assez grande
« pour me loger ; mais nous fû-
« mes obligés d'en prendre quatre
« ou cinq autres. Bientôt arriva un

« domestique de Fasil , qui vint
« prévenir le Shum que son maître
« me cédoit la propriété et la sou-
« veraineté du village de Géesh ,
« en conséquence du don que le
« roi m'en avoit fait. Cet homme
« m'amena, en même temps, une
« superbe vache laitière, blanche ,
« avec deux moutons et deux chè-
« vres. Ces quatre derniers ani-
« maux me venoient de la part de
« Welleta Yasous. Fasil nous en-
« voya aussi six jarres d'hydromel,
« et cinquante pains excellens.
« Welleta Yasous avoit encore
« ajouté à ce présent , deux cor-
« nes de moyenne grandeur , rem-
« plies d'eau-de-vie très-forte.

« Nous avions tous le cœur
« content, et nous passâmes une

« agréable soirée. Stratès, sur-
« tout, essaya, avec plusieurs ra-
« sades d'hydromel de Buré, de
« domter le diable qu'il avoit
« avalé dans l'eau ensorcelée des
« sources du Nil. Woldo, après
« avoir parfaitement rempli son
« rôle, et disposé favorablement
« pour nous les habitans du village,
« eut quelque appréhension pour
« lui - même. Il craignit d'avoir
« perdu son crédit auprès de moi;
« et en conséquence, il chargea le
« domestique d'Ayto Aylo de me
« prier de ne point parler de la
« ceinture au domestique de Fasil.
« Je l'assurai que si je voyois qu'il
« continuât à se bien conduire, je
« lui donnerois une seconde cein-
« ture à notre retour, au lieu de

« me plaindre du moyen dont il
« s'étoit servi pour avoir la pre-
« mière. Cette assurance bannit
« ses craintes, et dès ce moment,
« il mérita chaque jour, de plus
« en plus ma gratitude et mes
« éloges.

« Woldo étoit alors vraiment
« heureux. Il n'étoit point sous
« l'œil d'un maître. Personne n'é-
« pioit ses actions. Il avoit prévenu
« le Shum que nous aurions be-
« soin de quelqu'un pour aller ache-
« ter nos provisions et pour pren-
« dre soin de notre logement. Nous
« montrâmes aussi à l'Agow les
« petits articles que nous avions
« à échanger, et nous lui dîmes
« que nous paierions en or, les
« choses considérables que nous

« acheterions, comme , par exem-
« ple, les bœufs et les moutons.
« Ce chef fut extrêmement surpris
« de nos richesses et de la généro-
« sité de nos propositions. Il dit à
« Woldo que puisque nous étions
« logés chez lui, il insistoit pour
« que nous prissions ses filles , en
« qualité de gouvernantes. La chose
« nous parut trop raisonnable pour
« ne pas être acceptée. En consé-
« quence, le Shum fit venir soudain
« ses trois filles; et elles furent mises
« en possession de leur emploi.
« L'aînée accepta le sien , de fort
« bonne grace. Cette jeune personne
« avoit environ seize ans. Elle étoit
« d'une taille au-dessus de la
« moyenne, et elle avoit beaucoup
« de gentillesse et de vivacité. Cou-

« leur à part, la finesse et la ré-
« gularité de ses traits, en au-
« roient fait une beauté dans tous
« les pays de l'Europe. Nous n'en-
« tendions pas un seul mot de son
« langage ; mais elle comprenoit
« facilement tous les signes que
« nous lui faisions. Cette nymphe du
« Nil étoit appelée par sobriquet
« *Trepone*, nom qui est celui d'un
« animal, qui fait la guerre aux
« souris. Si cet animal est de
« l'espèce du furet, ou de celle du
« serpent, c'est ce que je n'ai ja-
« mais pu bien comprendre. Tantôt
« on me disoit d'une façon, tantôt
« on me disoit de l'autre. Quoi qu'il
« en soit, la chose ne semble pas
« fort importante.

« Le premier et le second jour

« qu'Irepone fut avec nous, elle se
« crut obligée, après avoir em-
« ployé quelques-unes de nos mar-
« chandises, en retour de provi-
« sions, de nous en rendre compte,
« et elle remit le reste à Woldo,
« en lui protestant qu'elle n'avoit
« rien volé, ni gardé pour elle.
« Mais je crus que si nous conti-
« nuions à traiter de cette manière
« avec notre bienfaitrice, ce seroit
« un manque de générosité de
« notre part. J'appelai Woldo, et
« je lui dis de me faire connoître,
« à-peu-près, la quantité de mar-
« chandises qu'Irepone avoit eues
« déja, et qui consistoient en grains
« de collier, en antimoine, en
« ciseaux, couteaux et grosses ai-
« guilles. Ayant pris moi-même

« un paquet entier des mêmes ob-
« jets, je dis à Irepone, que je
« voulois qu'elle prît ce paquet,
« pour le distribuer à ses amies,
« sans qu'elle m'en rendît aucun
« compte. J'ajoutai que lorsqu'elle
« auroit épuisé ces articles, et
« ceux qu'elle emploieroit à payer
« les choses dont nous aurions be-
« soin, je lui en donnerois d'autres,
« et qu'à mon départ, je lui en lais-
« serois encore davantage, pour
« la dédommager des embarras que
« nous lui causions.

« Je pensois bien que la posses-
« sion de tant de richesses, et une
« si grande marque de confiance,
« feroient tourner la tête à une
« pauvre petite fille sauvage ; et,
« à moins d'être aveugle, il étoit
« impossible

« impossible de ne pas s'aperce-
« voir que j'avois fait quelque im-
« pression sur son cœur. Aux ba-
« gatelles dont je viens de parler,
« j'ajoutai une once d'or, c'est-à-
« dire , la valeur d'environ cin-
« quante shelins sterling , que je
« crus devoir suffire à ses dépenses ,
« pour tout le temps que nous se-
« rions à Géesh. Quand j'eus ainsi
« réglé l'économie de notre maison,
« il ne me resta plus qu'à m'oc-
« cuper de mes observations.

« Les maisons de Géesh étant
« construites de paille et d'argile ,
« je ne trouvai pas un seul endroit ,
« où je pusse fixer ma pendule ;
« et je fus obligé de me servir d'une
« excellente montre d'Elicott. Le
« jour commençoit. Au bout de

Tome VI. L

« quelques minutes, tous les habi-
« tans parurent à leur porte. Bientôt
« ils accoururent en foule autour
« de nous, et nous déjeûnâmes très-
« gaiement en public. La vache
« blanche de Fasil avoit été tuée, et
« chacun fut invité à partager notre
« repas. Le Shum, prêtre du Nil,
« invité comme les autres, refusa
« de manger et même de s'asseoir ;
« mais ses fils ne furent pas si dé-
« licats ».

C'est à la principale source du
fleuve, et sur l'autel de gazon,
déja décrit, que tous les ans, à la
première apparition de la canicule,
ou selon quelques autres personnes,
onze jours après, le prêtre assem-
ble les chefs des tribus. Là, il sa-
crifie une génisse noire, il lui coupe

la tête, la plonge dans la source, et, pour que personne ne puisse plus la voir, il s'empresse de l'envelopper dans la peau de l'animal, que l'on a bien arrosée, en-dedans et en-dehors, avec de l'eau du Nil. On ouvre alors le corps de la génisse, que l'on nettoie avec beaucoup de soin, puis on le place sur l'autel, et on l'inonde d'eau, tandis que les aînés des familles et ceux qui sont les plus distingués, vont encore en puiser dans les deux autres sources; et ils l'apportent dans le creux de leurs mains jointes.

Tout le monde se rassemble sur une petite colline qui est vis-à-vis et à l'occident de l'église de Saint-Michel. Là, on partage le corps de la génisse, en autant de portions qu'il y a de tribus. Ces portions sont inégales. On les distribue suivant les anciens priviléges. des tribus , et non suivant leur importance actuelle. Géesh a la portion la plus considérable , quoique son territoire soit le plus petit de tous. Sacala vient ensuite ; et la tribu de Zeegam , qui est la plus nombreuse, la plus riche , la plus puissante , ne reçoit que la moindre portion. En vain M. Bruce demanda sur quoi étoit fondée cette disposition , on lui répondit toujours que cela se pratiquoit ainsi dans les anciens temps.

Après avoir mangé la génisse toute crue , après avoir bu de l'eau pure du Nil , les Agows rassemblent les os de l'animal , et ils les brûlent dans l'endroit même où ils ont fait leur festin. Cette cérémonie se faisoit autrefois, dans le lieu où l'on voit l'église de Saint-Michel : mais quand Sela Christos eut détruit l'autel des Agows, pour bâtir cette église, ils allèrent sur le sommet de Géesh, loin de ce qu'ils regardoient comme une profanation, manger leur génisse et en brûler les os. Probablement, la fatigue que leur occasionnoit le besoin de gravir cette montagne, et l'indifférence que leurs derniers gouverneurs ont montrée pour le christianisme, leur ont fait choisir une petite colline qui est à côté du marais, à l'ouest de l'église de Saint-Michel, en tirant un peu vers le sud. C'est là que tous les ans ils accomplissent cette solennité ; mais il est vraisemblable qu'ils retourneront à leur premier autel, quand l'église sera totalement tombée en ruine, ce qu'ils accélèrent tous les jours furtivement.

Dès que les Agows ont fait leur banquet sanglant, ils prennent la tête de la génisse, toujours si bien enveloppée dans la peau de l'animal, que personne ne peut la voir. Ils la portent à l'entrée de la caverne, dont la profondeur s'étend, dit-on, jusqu'au pied des sources ; et là, sans torches, mais avec un assez grand nombre de chandelles ordinaires, ils accomplissent de nombreuses cérémonies, dont M. Bruce n'a jamais pu apprendre les détails. A certaine heure de la nuit, ils quittent la caverne, mais ce voyageur n'a pu savoir non plus, ni quelle étoit cette heure, ni dans quel ordre ils sortoient. Aucun Agow ne voulut lui dire ce que devenoit la tête de la génisse ; ainsi, il ignore si on la mange, si on l'enterre, ou si on la brûle.

Les Abyssins racontent une histoire qu'ils ont, sans doute, forgée eux-mêmes. Ils prétendent que le diable apparoît dans la caverne de Géesh, et que c'est avec lui que les Agows mangent la tête de la génisse, en lui jurant obéissance, à condition qu'il leur enverra de la pluie, et un temps favorable pour leurs abeilles et pour leur bétail. Quoi qu'on en dise, il est certain que les Agows invoquent

l'esprit, qu'ils croient résider dans
le fleuve, et qu'ils l'appellent le
dieu éternel, la lumière du monde
l'œil de la terre, le dieu de paix
leur sauveur, le père de l'uni-
vers.

« Le Shum notre hôte, dit M. Bru-
« ce, ne se faisoit point de scrupule
« de prier devant nous, pour de-
« mander de la pluie, de l'herbe
« en abondance, et la conservation
« des serpens, ou du moins d'une
« certaine espèce de ces animaux.
« Il disoit, en même temps, beau-
« coup de mal du tonnerre ; et il
« prononçoit toujours ses prières
« du ton le plus religieux, et comme
« une espèce de chant. Je sais qu'a-
« lors, il nommoit le Nil, « dieu très-
« puissant et sauveur du monde ».

« Mais je ne pouvois juger de ses
« autres paroles, que d'après l'in-
« terprétation de Woldo. Les noms,
« les épithètes pompeuses, donnés,
« au fleuve, étoient donc les seules
« choses que je pusse comprendre,
« et ce sont conséquemment les
« seules que je veuille garantir.

« J'avois eu soin de m'insinuer
« dans les bonnes graces du prêtre
« du Nil ; et je lui demandai s'il
« avoit vu quelquefois l'esprit.
« Il me répondit, sans hésiter :
« oui ; très-fréquemment ». Il l'a-
« voit vu le troisième jour du
« mois, au coucher du soleil, sous
« un arbre qu'il m'indiqua du bout
« du doigt. L'esprit lui avoit an-
« noncé la mort d'un de ses fils,
« et l'arrivée d'un parti de l'armée

« de Fasil. Effrayé de cette prédic-
« tion , il avoit consulté son ser-
« pent ; mais son serpent avoit
« mangé de bon appétit , ce qui
« lui avoit prouvé que nous ne lui
« ferions aucun mal. »

« Je lui demandai alors , s'il
« avoit assez de crédit sur l'esprit
« pour l'engager à paroître devant
« moi ? Mais il me répondit qu'il
« n'oseroit pas se hasarder à lui
« faire une pareille proposition. --
« Pensez - vous , « lui dis - je , »
« qu'il m'apparoîtra , si je vais, ce
« soir, m'asscoir sous cet arbre ? »
« — Je ne le crois pas , » me dit le
« prêtre. Il ajouta ensuite : « L'es-
« prit est d'une figure très-agréable ;
« il a la mine d'un vieillard encore
« vert. Il est vrai que rarement j'ai

« osé le fixer. J'ai vu cependant,
« qu'il a une barbe blanche. Ses
« vêtemens sont faits à la façon
« de ce pays-ci ; mais ils ne sont point
« de peau, comme les nôtres. Ils
« semblent être de soie. » — « Com-
« ment êtes-vous sûr, » repris-je,
« que ce n'est point un homme ? »
« — Alors il sourit, en secouant
« la tête, et en disant : « Non, non !
« ce n'est point un homme, mais
« un esprit ! — « Et quel esprit
« croyez-vous que ce soit ? » —
« L'esprit du fleuve, un Dieu, le
« père du genre-humain ! » — Je
« ne pus jamais l'engager à s'ex-
« pliquer davantage.

« Je le priai ensuite de me dire
« pourquoi il anathématisoit le
« tonnerre ? il me répondit que

« c'étoit parce que le tonnerre fai-
« soit beaucoup de mal aux abeilles,
« et que le principal revenu du pays
« consistoit en miel et en cire. -- « Et
« pourquoi priez-vous pour les ser-
« pens ? » — « Parce que les serpens
« ont la science du bien et du mal.» --
« Les Agows ont un grand nombre
« de ces animaux dans leur voisi-
« nage ; et les plus riches d'entr'eux
« en conservent dans leurs maisons.
« Si ceux-ci veulent entreprendre
« un voyage, ou quelque affaire de
« conséquence, ils prennent un de
« leurs serpens dans son trou, et
« mettent devant lui du beurre et du
« lait, qu'ils aiment excessivement ;
« mais s'il n'en mange pas, ils regar-
« dent cela comme une preuve qu'il
« doit leur arriver quelque malheur.

Les

Les Agows prétendent que lorsque les Gallas, ou d'autres ennemis
doivent faire une invasion dans le
pays, tous les serpens disparois-
sent, sans qu'on puisse en trouver
un seul. Fasil, l'ingénieux et rusé
gouverneur de ces contrées, étoit,
dit-on, très-adonné à cette espèce
de divination, et il ne montoit à
cheval, ni ne sortoit point de chez
lui, dès qu'un de ses serpens refu-
soit de manger.

Le Shum de Géesh se nommoit
Kefla Abay, ou le serviteur du fleuve.
C'étoit un homme de soixante
et dix ans, et affligé de toutes les
infirmités qu'on doit naturellement
avoir à cet âge. Il avoit eu quatre-
vingt-quatre, ou quatre-vingt-cinq
enfans. La charge de prêtre du

Nil, dont il étoit revêtu, subsistoit,
disoit-il, dans sa famille, depuis le
commencement du monde. Certes,
si tous ses aïeux avoient eu
autant d'enfans que lui, il n'y a
pas d'apparence que là succession
eût passé en des mains étrangères.
Ce prêtre avoit une barbe blanche,
longue, mais peu touffue, orne-
ment très-rare en Abyssinie, où
la plupart des hommes n'ont pas un
seul poil au menton. Il portoit pour
vêtement, une peau attachée au
milieu du corps, par une large ceinture. Par-dessus cette peau, il
avoit un manteau, auquel tenoit
un capuchon dont il se couvroit la
tête. Ses jambes étoient nues : mais
il avoit des sandales pareilles à celles
que nous voyons aux statues des

anciens ; et il les quittoit toujours, lorsqu'il s'approchoit du marais, où le Nil prend sa source. Nos voyageurs étoient également obligés de se déchausser, pour entrer dans ce marais. On leur permettoit de boire de l'eau des sources du Nil, mais non de l'employer à d'autres usages. Aucun habitant de Géesh n'ose se baigner, ni laver ses vêtemens dans le fleuve. Ils vont pour cela, chercher un ruisseau, qui tombant de la montagne de Géesh, dans la plaine d'Assoa, court droit au midi, et se joint au Nil, dans le contour que ce fleuve fait au nord, pour traverser le pays des Gafats et des Gongas.

Les Agows dans le pays desquels le Nil a ses sources, sont l'une des nations les plus nombreuses d'Abyssinie. Quand ils rassemblent leurs forces, ce qui est très-rare, ils peuvent mettre sur pied, quatre mille hommes de cavalerie, et une nombreuse armée de fantassins. Ils ont été autrefois bien plus puissans : mais toutes les batailles qu'ils ont perdues, et les invasions perpétuelles des Gallas, les ont affoiblis. Cependant leur pays paroît encore très-peuplé. Leur histoire rapporte, qu'une de leurs tribus, appelée la tribu de Zeegam, soutint seule une guerre contre les rois d'Abyssinie, depuis le règne de Soçinios, jusqu'à celui de Yasous le Grand, et qu'elle ne fut vaincue que par stratagême. Une autre tribu, celle des Denguis, combattit éga-

lement contre Facilidas, Hannès I,
et Yasous II, tous princes belli-
queux.

Néanmoins les richesses des
Agows surpassent de beaucoup leur
puissance. Quoique leur province
n'ait pas plus de soixante milles de
long, et de trente milles de large,
Gondar, et tout le pays voisin de
cette capitale, dépendent d'eux,
en grande partie. Ils y fournissent
le bétail, le miel, le beurre, le fro-
ment, les cuirs, la cire, et un grand
nombre d'autres articles. On voit
sans cesse arriver dans la capitale,
des troupes de mille et quinze cents
Agows, conduisant de grands trou-
peaux de bœufs, ou chargés de
marchandises.

Comme on a plutôt besoin de ce

peuple pour les provisions qu'il peut fournir, que pour ses forces, les rois d'Abyssinie, les plus sages, ont toujours eu pour maxime de le dispenser de tout service militaire, en lui faisant payer un surcroît de tribut. Mais la nécessité a changé quelquefois cet usage, dicté par la prudence. Les Agows ont été alternativement victimes de leur attachement pour Fasil et pour le Ras Michaël; et l'état a beaucoup souffert de leurs pertes.

Il seroit naturel de penser que dans un climat aussi chaud que celui de l'Abyssinie, le beurre qu'on transporte à cent milles de distance devroit se fondre et se rancir. Mais on prévient cet inconvénient, avec la racine d'une herbe, appelée *moc-moco*. Cette racine est jaune et ressemble beaucoup aux carottes. Les Agows l'écrasent, pour la mêler avec leur beurre; et une très-petite quantité suffit pour le conserver long-temps, dans toute sa fraîcheur. La propriété du moc-moco est d'autant plus avantageuse, qu'il est fort douteux que le sel produisît le même effet. D'ailleurs le sel est une monnoie courante en Abyssinie. On l'y réduit en briques, et l'on s'en sert, en l'échangeant pour de l'or, comme nous nous servons d'argent. Ainsi le moc-moco conserve non-seulement le beurre, mais il ne renchérit point cet article, qui est la principale nourriture des Abyssins de toutes les classes.

Les nouvelles mariées se servent de cette même racine, pour se peindre les ongles et la paume des mains, comme aussi les pieds, depuis la cheville jusqu'en bas.

Indépendamment de ce qu'ils fournissent aux marchés de Gondar, les Agows vendent encore beaucoup de provisions, à leurs noirs et sauvages voisins, les Shangallas aux cheveux laineux. Ils leur font passer aussi d'autres articles, qu'ils tirent de la capitale; et ils reçoivent en échange, des dents d'éléphant, des cornes de rhinoceros, du tibbar (1), et une grande quantité de coton, extrêmement fin. Il leur

(1) De l'or très-pur, en petits grains ronds.

seroit aisé de se procurer de ces marchandises, en plus grande quantité, s'ils vouloient se contenter de commercer avec les Shangallas : mais ils entrent souvent chez eux à force ouverte, pour y enlever des esclaves , et ils les interrompent dans leur occupation de chercher de l'or, et de faire la chasse aux éléphans.

Les vêtemens des Agows sont tous de peau, qu'ils préparent et assouplissent par des procédés qui leur sont particuliers. Ils se couvrent de ces vêtemens pour se préserver du froid et des pluies qui tombent long-temps chez eux. Les plus jeunes Agows vont presque tout nus. Les mères portent leurs enfans sur leur dos. Pour tout ha-

billement, elles n'ont qu'une espèce de chemise, qui leur tombe
jusqu'aux pieds, et qu'elles atta-
chent par une ceinture, au milieu
du corps. Le bas de cette chemise
est fait comme un double jupon,
dont une partie se retrousse sur
l'épaule et s'attache sur le sein avec
une brochette de bois. C'est dans
ce jupon que sont placés les enfans. Les femmes des Agows sont,
en général, maigres, et d'une petite taille, ainsi que les hommes.
Elles ignorent ce que c'est que la
stérilité. A onze ans, elles commencent à devenir mères. Ordinairement elles ne se marient qu'à cet
âge; mais elles sont nubiles deux
ans plutôt. Elles cessent d'être fé-
condes avant trente ans, cependant

il y a souvent parmi elles des exemples du contraire.

Sans compter ce qu'ils vendent et ce qu'ils paient au gouverneur du Damot, les Agows sont obligés d'offrir en tribut au roi, mille Dabras de miel, pesant environ 60 livres, l'un. Plus, quinze cents bœufs et mille onces d'or. Autrefois le nombre des Dabras, ou vases de miel, s'élevoit à quatre mille : mais le roi, concédant chaque jour quelque village à des particuliers, le tribut est diminué d'autant. Tout ce beurre est vendu ; et depuis la funeste bataille de Banja, le roi n'en reçoit qu'environ mille jarres. L'officier qui préside à ce tribut et qui en tient compte, porte le titre d'Agow Miziker. Sa place lui rend mille onces d'or. On peut juger par là, de l'économie avec laquelle ce revenu est administré.

Quoique M. Bruce eût deux grandes tentes qui pouvoient aisément suffire pour loger tous ses gens, il profita du conseil qu'on lui donna de prendre des maisons, pour mettre la nuit, ses chevaux et ses mulets à l'abri des voleurs et des bêtes féroces, dont ce pays est rempli. Presque tous les groupes que forment les maisons, ont au-dessous une vaste caverne, une demeure souterraine, creusée dans le roc; et ces énormes cavités doivent avoir coûté un travail immense. Il est impossible de dire si elles furent anciennement l'habitation des Agows Trogodites, où si elles ne furent faites que pour

leur

leur servir de retraite contre les
irruptions des Gallas. Toutes les
tribus des Agows ont leurs montagnes creusées comme celle de
Géesh.

« Tout ce que j'avois à faire à
« Géesh , étant achevé , » dit
« M. Bruce, « il fallut enfin son-
« ger au départ. Nous avions passé
« notre temps dans une parfaite in-
« telligence. L'adresse de Woldo ,
« et l'attachement de notre amie
« Irépone avoient entretenu l'a-
« bondance et la gaîté dans notre
« ménage. Nous vivions , je l'avoue,
« un peu trop somptueusement
« pour des philosophes ; mais nous
« n'en avions pas moins banni la
« débauche et l'oisiveté. Je suis
« certain que jamais le village de

« Géesh ne reverra un *Souve-*
« *rain* aussi populaire , et ré-
« gnant sur ses sujets avec autant
« de douceur que moi. Je soignai
« les malades sans vouloir aucune
« rétribution ; et pendant trois jours
« consécutifs , je fis tuer une vache
« pour les pauvres et les gens du
« voisinage. J'habillai, des pieds jus-
« qu'à la tête, le prêtre du Nil ,
« ainsi que ses deux fils , et je dé-
« corai deux de ses filles de grains
« de verroterie , qui représentoient
« toutes les couleurs de l'arc-en-
« ciel. J'ajoutai à ces ornemens ,
« le don de toutes les bagatelles
« que ces jeunes personnes dési-
« rèrent , ou que je crus pouvoir
« leur être agréables,

« Quant à notre aimable Irépone ,

« je lui réservai le choix de mes
« présens, et une grande quantité
« de tous les articles les plus pré-
« cieux que j'avois apportés. Je lui
« donnai, en outre, de l'or. Mais
« plus noble et plus généreuse que
« moi, elle parut faire peu de cas
« des choses qui lui annonçoient
« qu'il falloit se séparer d'un ami.
« Dans sa douleur, elle arracha ses
« beaux cheveux, ces cheveux que
« nous lui avions vu tresser chaque
« jour, d'une manière nouvelle et
« toujours plus gracieuse. Elle se
« jeta par terre. Elle refusa de
« sortir de la maison, de nous voir
« monter à cheval et de recevoir
« nos derniers adieux. Dès que
« nous fûmes partis, elle accourut
« sur sa porte; et ses vœux et ses

« regards nous suivirent aussi long-
« temps qu'elle put se faire enten-
« dre et nous voir.

« Je pris congé de Kefla Abày,
« le vénérable prêtre du plus cé-
« lèbre fleuve du monde. Il me
« recommanda avec la plus grande
« ferveur aux soins de son Dieu.
« Tous les jeunes gens du village,
« armés de lances et de boucliers,
« m'accompagnèrent jusqu'à Saint-
« Michel de Sacala, c'est-à-dire,
« jusqu'aux limites de leur territoire
« et de ma petite souveraineté. »

VOYAGE

AUX

SOURCES DU NIL.

LIVRE SEPTIÈME.

Retour des Sources du Nil à Gondar.
L'auteur se prépare à quitter l'Abyssinie.

Ce fut le 10 novembre que
M. Bruce et ses compagnons par-
tirent de Géesh pour retourner à
Gondar.

Le 11, ils poursuivirent leur
voyage par la même route qu'ils

avoient prise, en venant, jusqu'à l'église d'Abbo. A une heure trois-quarts, ils arrivèrent à la maison du Shalaka Welled-Amlac, avec qui M. Bruce s'étoit lié dans la capitale.

Ce fut là que Zor Woldo prit congé de notre voyageur, qui le récompensa amplement. L'officier de Fasil remit solennellement, et en présence de Welled Amlac, M. Bruce et tous ses gens, entre les mains du domestique d'Aylo Aylo.

Le 13 novembre, ils quittèrent la maison hospitalière du Shalaka, qui les accompagna jusqu'au gué de la rivière de Jemma, dont l'eau est rapide et coule sur un fond très-inégal. Les bords pittoresques

de cette rivière sont ombragés d'a-
cacias et d'autres arbres, qui forment le berceau. Ce n'étoit plus
alors la saison des pluies. Tous les
environs étoient couverts de fleurs.
Le soleil étoit à la vérité brûlant ;
mais une brise constante tempéroit
la chaleur sous les arbres qui bor-
dent le Jemma. Là, il ne faut
que chercher de l'ombre pour
avoir du frais. On n'y est point
désolé par ces vents brûlans, par
ces réverbérations du soleil, qui
sont si insupportables en Egypte,
en Syrie, en Arabie, et sur les
deux côtes de la mer rouge.

Nos voyageurs atteignirent le
même jour, un gué du Nil. Ce ne
fut qu'avec difficulté qu'ils gagnè-
rent le milieu du fleuve. Le fond en

étoit solide, et ils s'y reposèrent un peu. En s'avançant vers l'autre rive, ils trouvèrent de la vase ; mais l'eau étoit moins profonde, et le bord plus aisé à monter. Tout le terrain qui borde le Nil, en cet endroit, est maigre et dépourvu de toute espèce de bois ; On n'y voit que des épines et de l'herbe longue et sèche. L'eau est rougie par la couleur du sol, qui compose les bords du fleuve. Le gué se nomme Delakus. Il est praticable depuis la fin d'octobre, jusqu'à la mi-mai. Au sommet de la montagne dont le pied vient jusqu'au bord du Nil, est la petite ville de Delakus, qui donne son nom au gué. Cette ville s'étend du nord-est au nord-nord-est, et paroît plus considérable que ne le sont en général, les petites villes d'Abyssinie. Elle n'est habitée que par des mahométans, qui font un peuple intelligent, sobre, et entièrement adonné au commerce.

Welled Amlac fut reçu avec beaucoup de respects et d'égards, par des troupes qui étoient sur la rive orientale du fleuve. Il est impossible de croire avec quelle promptitude il avala près d'une livre de viande crue, qu'on coupa sur le derrière de la cuisse d'un animal encore en vie. Après avoir bu ensuite quelques cornes d'hydromel, il passa de l'autre côté, où il fut accueilli plus amicalement encore, s'il est possible, par Welleta-Michaël. Là, il recom-

mença à manger de la chair crue
et sanglante , avec autant d'appétit
que s'il avoit jeûné depuis plusieurs
jours , et il y remit ses hôtes sous
la garde de ce même Welleta-Michaël , qui étoit son ami et celui de
M. Bruce.

Nos voyageurs partirent du bord
du gué , à cinq heures du soir ; et
marchant au nord , ils passèrent la
petite ville de Delakus. Ils trouvèrent sur le revers de la montagne, tantôt des champs couverts
de halliers et d'arbustes , tantôt de
petits champs de blé. A sept heures
trois quarts , ils mirent pied à terre,
à Gougue , village considérable.
Comme il étoit déja nuit , ils ne
purent aller plus loin. Ils trouvèrent que les habitans de Gougue

étoient les gens les plus sauvages,
les moins hospitaliers qu'ils eussent
encore vus. Ces misérables ne voulurent pas d'abord, à quelque prix
que ce fût, laisser entrer les étrangers dans leurs maisons ; et ceux-
ci furent obligés de rester dehors
pendant une grande partie de la
nuit. Cependant, on les mena
dans une maison, d'assez belle
apparence, mais on refusa de leur
donner à manger, pour eux et pour
leurs chevaux ; et comme ils étoient
les plus foibles, ils furent obligés
de céder. Il avoit beaucoup plu
dans la soirée. Nos voyageurs
étoient trempés jusqu'aux os. Ils
allumèrent un grand feu au milieu de la maison, et ils l'entre-
tinrent toute la nuit. Le matin, ils

apprirent que tout le village étoit
malade de la fièvre, et que deux
familles entières avoient déja péri
dans la maison où ils étoient
logés.

A cette nouvelle, M. Bruce et
ses gens furent fort effrayés. Ils
prirent tous du quinquina infusé
dans de l'eau-de-vie. Ils brûlèrent
beaucoup d'encens et de myrrhe,
et ils firent des fumigations, selon
l'usage suivi en Arabie et à Masuah.

« Les gens de Gougue qui
« voyoient, » dit M. Bruce, « avec
« quelle confiance, quelle ardeur,
« nous prenions notre remède, ac-
« coururent en foule autour de
« nous, pour implorer notre se-
« cours. Mais, je l'avoue, j'étois
« si

« si indigné de la manière dont ils
« nous avoient accueillis, que je
« fus sourd à leurs prières, et que
« je les laissai en proie à la conta-
« gion, pour leur apprendre à se
« montrer une autre fois, moins
« durs envers les étrangers. »

Cette fièvre dont étoient attaqués les habitans de Gougue, est
connue en Abyssinie, sous le
nom de *Nedad*, c'est-à-dire, la
brûlante. Elle commence par un
frisson, un grand mal de tête,
une pesanteur dans les yeux, et
l'envie de vomir. Ensuite une extrême chaleur s'empare du malade, sans qu'il ait presque aucun
relâche ; et il est rare qu'il soit en
vie le troisième, ou le cinquième
jour. Lorsque la maladie est à son

Tome VI.   O

dernier période, le ventre enfle prodigieusement. Quelquefois cette enflure n'a lieu qu'après la mort, et à l'instant même le corps exhale une odeur fétide et insupportable. Aussi, l'on a soin d'enterrer les morts, dès qu'ils ont rendu le dernier soupir, ou du moins une heure après. Le visage de ceux qui sont attaqués de cette fièvre, est extrêmement jaune, et prend même une teinte noire. Le Nedad se déclare ordinairement dès que le soleil échauffe la terre, après les premières pluies, c'est-à-dire, lorsqu'il y a des intervalles de pluie et de soleil. Il cesse quand la terre est bien humectée, en juillet et août, et il recommence ensuite en septembre, pour disparoître tout-à-fait au commencement de novembre.

Le 14 , à sept heures du matin, nos voyageurs abandonnèrent le village inhospitalier de Goûgue. Alors ils étoient sur le point de quitter le Maitsha. Cette province est un apanage de l'emploi de Betwudet, dont elle augmente les revenus, de deux mille onces d'or. Ses habitans sont une colonie de ces Gallas, qui vivent à l'occident du Nil. Sa capitale est Ibaba. Le roi y a une maison , ou plutôt un petit château. La ville , l'une des plus grandes d'Abyssinie, ne le cède guère à Gondar , ni en étendue , ni en richesses. Elle a pour gouverneur un officier qui porte le titre d'Azage d'Ibaba , et à qui sa place rend six cents onces d'or. Cette place, dont dépend, en outre, un vaste territoire, est ordinairement confiée au principal habitant du Maitsha, afin de le retenir dans le devoir. La campagne des environs d'Ibaba, est la plus belle et la plus féconde, non-seulement du Maitsha, mais de toute l'Abyssinie. La partie qui l'emporte sur-tout, est le Kollela, situé entre Ibaba et le Gojam. Là, les premières Ozoros (les princesses), ont des terres et des maisons qu'elles ont hérité des rois leurs ancêtres, et qui sont désignées sous le nom de *Goult*, mot qui répond à celui de fief.

Quoique le Maitsha soit un apanage du Betwudet, et gouverné par lui, il a aussi une autre sorte de gouvernement particulier. Les quatre-vingt-dix-neuf Shmas, qui sont chacun d'une famille différente de Gallas, se choisissent un roi tous les sept ans, comme les autres Gallas dont ils descendent, et avec toutes les cérémonies en usage chez ces idolâtres. Ce roi a toujours bien plus d'ascendant sur eux, que le Betwudet et que le roi d'Abyssinie lui-même. Aussi, du temps de M. Bruce, étoient-ils sans cesse dans un état de rébellion, qui fut cause que leurs forces furent bientôt considérablement réduites. Le Ras Michaël détruisoit de toutes parts leurs habitations ; et s'emparant de leurs femmes et de leurs enfans, il les vendoit aux mahométans, qui les envoyoient à

Masuah , et de là en Arabie.

Le reste de la route de M. Bruce ne lui offrit rien de nouveau ni d'intéressant. Le 19, il envoya ses gens et son bagage à Gondar, mais il ne les y suivit pas, et il se rendit au palais de Koscam.

Les troubles dans lesquels la capitale et l'empire étoient plongés, furent cause que notre voyageur ne vit l'Iteghé que le 23 novembre. « Cette princesse m'envoya cher- « cher de bon matin , « dit-il. » « Elle avoit fait préparer un grand « déjeûner. Ayto Confu et Engedan « étoient auprès d'elle , et elle me « parut triste et indisposée. En m'ap- « prochant je me prosternai. La « reine étoit fort grave , et sans « m'ordonner de me relever , elle

« dit à ceux qui l'entouroient : » Le
« voilà cet insensé, qui, dans des
« temps comme ceux - ci, quand
« les gens du pays ne sont pas en
« sûreté dans leur propre maison,
« court imprudemment, et malgré
« tout ce qu'on peut lui dire, va
« dans les champs pour se faire
« chasser comme une bête sauvage,
« par tous les brigands dont ce
« royaume est rempli ».

« Ensuite, elle me fit signe de
« me relever, et j'allai baiser sa
« main. « Madame, » lui dis-je,
« si j'ai fait ce que vous dites, c'est
« pour suivre les leçons que vous
« avez daigné me donner vous-
« même. Moi ! « s'écria-t-elle avec
« surprise ! » est-ce moi qui vous
« ai conseillé de vous exposer à tom-

« ber entre les mains de Coque Abou
« Barea, et de Woudage Asahel,
« pour être maltraité, volé, et pro-
« bablement massacré? (1)»--«Non
« certainement, » répondis-je, «

(1) M. Bruce, sans le savoir, en
avoit vraiment couru les risques. La
veille, ou l'avant-veille, pendant
la nuit, Socinios, à l'instigation de
l'Abba Salama, et dans un moment d'i-
vresse, sortit de son palais, accompagné
d'un grand nombre de bandits, et pilla
plusieurs maisons de la capitale. Celle
de M. Bruce ne fut point épargnée. Tout
ce qu'on trouva chez lui, fut volé, ou
brûlé. On lui enleva, entre autres choses,
un télescope à réflexion, un baromètre,
un thermomètre, et un grand nombre
de papiers et de dessins, qui furent d'a-
bord déchirés et ensuite brûlés.

« vous ne m'avez jamais donné,
« madame, un pareil avis. Mais
« vous conviendrez que quand vous
« étiez menacée par une foule d'en-
« nemis puissans, je vous ai en-
« tendu dire, chaque jour, que
« vous ne les craigniez point, parce
« que vous étiez dans les mains de
« Dieu, et non dans les leurs. Or,
« madame, la providence vous a dé-
« fendue jusqu'à ce jour ; et c'est
« en vous imitant, en ayant comme
« vous toute la confiance d'un vrai
« chrétien, que j'ai eu le bonheur
« de réussir. Je savois que j'étois
« entre les mains de Dieu. Ainsi,
« je dédaignois les desseins coupa-
« bles de tous les brigands de l'A-
« byssinie.

Le 27 du même mois, M. Bruce

reçut l'ordre de se rendre au palais de Gondar. Il y alla, et fut
introduit à l'instant. Soçinios étoit
assis. Il avoit les yeux à demi-
fermés et aussi rouges que de l'é-
carlate, par suite des débauches
de la veille, et il paroissoit encore
pris de vin. Il mâchoit du tabac,
et sa bouche en étoit pleine. Tous
ses habits et ses ornemens étoient
pareils à ceux du roi, Tecla Haimanout. Ayant adressé la parole
à M. Bruce, il lui dit : « D'où
« vient que vous qui êtes un *grand*,
« vous ne vous tenez pas au palais ?
« vous étiez constamment avec l'u-
« surpateur, Tecla Haimanout, soit
« pendant la paix, soit pendant la
« guerre. Vous aviez coutume de
« monter à cheval à sa suite, de

« l'amuser par votre adresse , et je
« crois même de manger et de boire
« avec lui, -- Où est tout l'argent
« que vous avez tiré de la province
« du Ras et Féel , dont je sais que
« vous êtes encore gouverneur,quoi-
« que vous le taisiez ? Comment
« osez-vous garder Yasine dans ce
« gouvernement, et ne pas le donner
« à Abd-el-Jelleel, qui est mon es-
« clave , et que j'ai choisi pour y
« commander ? »

M. Bruce répondit : « Je ne suis
« point un grand , pas même dans
« mon pays, puisque je viens dans le
« vôtre. J'arrivai ici dans le temps
« que Tecla Haimanout régnoit , et
« je lui fus recommandé par les
« amis qu'il avoit en Arabie. Tout
« ce qu'il fit pour moi , ne fut qu'un

« effet de ses bontés, et non le prix
« de mon mérite. Je n'ai jamais ni
« mangé, ni bu avec lui. C'est un
« honneur auquel je ne pouvois
« prétendre. La coutume de votre
« pays y est contraire ; et je ne
« me serois jamais senti disposé à
« la transgresser, quand bien même
« j'en aurois eu la facilité. L'or que
« vous dites que j'ai plusieurs fois
« reçu du roi, et de la province
« de Ras el Féel, je l'ai dépensé
« pour le service du monarque,
« ou pour m'en faire honneur.
« Mais à présent, je ne suis plus
« gouverneur de cette province ; et
« je n'ai aucun emploi, ni n'en de-
« sire. Je pense que Yasine com-
« mande dans le Ras el Féel, par
« ordre de son supérieur Ayto
« Confu

« Confu , qui tient lui-même ce
« gouvernement du roi , et du Ras
« Michaël : mais je n'ai aucune cer-
« titude sur cela. Quant à ce que
« vous appelez mes tours de cheval,
« je ne sais pas ce que vous voulez
« dire. J'ai pendant plusieurs an-
« nées consécutives, monté à che-
« val , avec les Arabes. Mon pays
« est aussi un pays de cavaliers ;
« et j'avoue que je suis parvenu à
« manier avec supériorité , les ar-
« mes à feu et la lance ; mais je
« ne suis point un farceur , et je
« ne fais point de tours. C'est avec
« mes armes , qu'à sa sollicitation ,
« j'ai souvent amusé le roi , parce
« que cet amusement étoit digne
« de lui , et non au-dessous de moi.

« Le roi ! « s'écria Socinios, d'un

« ton furieux. « Eh ! qui suis-je
« donc, moi ? un esclave ! ne savez-
« vous pas qu'en frappant seulement
« du pied, je puis vous faire mettre
« en pièces, dans un instant ? Pour-
« quoi avez-vous dit à l'Iteghé,
« qu'on avoit volé dans votre mai-
« son, cinquante onces d'or ? Tout
« autre roi que moi, vous feroit
« arracher les yeux au moment
« même, et feroit jeter votre corps
« aux chiens. »

M. Bruce répliqua et dit : « l'Ite-
« ghé est à Koscam, et elle peut
« vous apprendre si je lui ai dé-
« claré qu'on m'eût volé de l'or,
« excepté un couteau garni en or,
« que Tecla Haimanout m'avoit
« donné.» Au même instant, « con-
« tinue le voyageur, Socinios cracha

« versmoi , et faillit m'atteindre.»
Alors un homme âgé et de fort
bonne mine, qui étoit assis dans
un coin de l'appartement, se leva,
et s'avançant vers Socinios , lui
dit d'un ton ferme : « Je ne puis
« plus long-temps souffrir tout ceci.
« Nous deviendrons la fable et l'hor-
« reur du genre humain. Quelle af-
« faire avez-vous avec Yagoubé ?
« Pourquoi l'avez - vous envoyé
« chercher ? Il a eu la faveur du
« dernier roi : mais on n'a rien fait
« de plus pour lui, que ce que j'ai
« vu faire pour tous les Grecs et les
« Arméniens, sous les règnes précé-
« dens. Yagoubé est non-seulement
« l'ami du roi , mais le nôtre. Tout
« le monde le chérit. Lorsqu'il pou-
« voit aller en Tigré avec son ami

« Michaël, il a mieux aimé rester
« avec nous à Gondar. Quant à son
« adresse à monter à cheval, je
« souhaiterois qu'il eût pratiqué cet
« exercice avec vous, comme avec
« Tecla Haimanout, et que vous eus-
« siez passé autant de temps avec lui
« que votre prédécesseur. Les mal-
« heurs et la honte de la nuit der-
« nière ne nous auroient point ac-
« cablés ; vous n'auriez pas mécon-
« tenté Fasil, ni l'Iteghé ; et quand
« le jour du jugement s'approchera,
« vous seriez plus en état de ré-
« pondre que vous ne pourrez ja-
« mais l'être, en vous conduisant
« comme vous le faites. » Celui qui
parloit ainsi étoit le Ras Sanuda,
neveu de l'Iteghé, et fils du fameux
Ras Welled de l'Oul.

Pendant tout le temps que dura cette harangue, Socinios se tint les yeux fermés, et la bouche ouverte. Son corps se balançant sur son siège, sembloit avoir perdu l'équi-libre. Dès que Sanuda eut cessé de parler, il voulut prendre un ton plaisant : « Vous êtes bien en co-« lère aujourd'hui, lui dit-il, » puis « se tournant vers M. Bruce, il « ajouta : «dès demain amenez-moi ce « cheval que Yasine vous a envoyé. « Amenez - moi aussi Yasine lui-« même, ou bien vous aurez de « mes nouvelles. Esclave et Franc, « comme vous l'êtes, ennemi de la « Vierge Marie, amenez-moi le che-« val. Sanuda prit ensuite M. Bruce par la main, et lui dit tout bas : « Ne craignez rien ; je suis ici.

« Retirez-vous. La première fois que
« vous viendrez, vous ne man-
« querez pas de cavaliers pour
« vous accompagner. »

Sanuda trompoit Socinios, et
étoit d'accord avec Michaël, qui
bientôt passa le Tacazzé. Dès qu'on
en eut semé la nouvelle, l'usurpateur et l'Iteghé prirent la fuite ensemble. Arrivés tous deux sur les
frontières du Kouara, province
dans laquelle, la reine étoit née,
on fit entendre à cette princesse que la présence de Socinios seroit infailliblement cause
d'une poursuite, qui mettroit en
péril, elle, sa patrie, et tous ceux
qui lui étoient dévoués. Alors on ré-
solut d'abandonner l'indigne prince.
Les soldats l'ayant dépouillé de

ses ornemens , ne lui donnèrent que quelques haillons pour cacher sa nudité, et un bon cheval pour le porter , puis ils le laissèrent tout seul aller tenter fortune.

La reine ne resta que peu de temps dans le Kouara , et prit le chemin de Buré. Tout le Maitsha se rassembla pour l'escorter jusqu'au camp de Fasil. Celui-ci lui fit traverser la province de Damot, et la mena jusqu'aux frontières du Gojam , où elle fut reçue en triomphe par Ozoro Welleta Israël , sa fille , et Ayto Aylo , son petit-fils , à qui appartenoit la moitié de cette province. Ce fut là qu'après un voyage pénible et long ; cette princesse jouit enfin de quelque tranquillité.

Le 22 décembre, M. Bruce accompagnant Aylo Confu, fils d'Ozora Esther, alla au-devant du
roi jusqu'à Mariam Ohha. « Mon
« premier soin, » dit-il, « fut de
« me rendre chez le Ras Michaël,
« qui, quoique très-occupé, or
« donna qu'on m'introduisît, dès
« que je fus annoncé. Comme offi
« cier du roi, j'aurois pu me dis
« penser de lui rendre hommage :
« mais j'avois résolu de ne paroître
« avec aucune marque de distinc
« tion, et de rester avec l'humble
« vêtement d'un simple étranger.
« Le Ras voyant que je m'appro
« chois, pour baiser la terre de
« vant lui, fit un effort, comme
« s'il avoit voulu se lever, quoi
« qu'il fût estropié de manière à

« ne pouvoir se soutenir debout
« sans qu'on l'aidât. Alors, il éten-
« dit sa main vers moi, pour m'em-
« pêcher de me prosterner, et en
« disant avec précipitation : « *Be
« Gzeir ! Be Gzeir !* C'est-à-dire,
« pour Dieu, ne faites pas cela !
« pour Dieu,.ne faites pas cela ! »
« Néanmoins, je m'étois déja pros-
« terné. Aussitôt que je me fus re-
« levé, Michaël me dit très-haut,
« mais sans m'inviter à m'asseoir :
« Avez-vous vu le roi ? » — «Non,
« pas encore, » – « avez - vous à
« vous plaindre de quelqu'un ?
« ou avez - vous quelque grace
« à demander ? » — « Aucune,
« si ce n'est de me continuer
« vos bontés. » Il me répliqua :
« Je suis sûr que je vous les dois.

« Allez trouver le roi. » Je le saluai,
« et me retirai. J'avois eu beaucoup
« de peine à entrer dans sa tente :
« mais quand je voulus sortir, la
« foule s'écarta et m'ouvrit un large
« passage.

« L'accueil que l'on m'avoit fait,
« devoit servir de règle aux cour-
« tisans pour se conduire avec moi.
« L'homme est par-tout le même,
« quelle que soit sa couleur. La
« cour d'Abyssinie et celle de
« Londres ont les mêmes principes.
« Je me rendis promptement chez
« le roi, qui donnoit audience. Sa
« tente, quoique très-grande, étoit
« remplie, de manière à ne pou-
« voir s'y remuer. Quand je vis
« cela, je résolus de me retirer,
« jusqu'à ce que la foule se fût dis-

« persée. Mais avant que je ne
« fusse à quelque distance, je fus
« joint par un officier du roi,
« qui me dit de revenir sur mes
« pas. La foule étoit moins nom-
« breuse chez le monarque, mais
« il y avoit encore beaucoup de
« monde.

« Tecla Haimanout étoit assis
« sur un siége d'ivoire, pareil à
« ceux qu'on voit représentés sur
« les médailles des anciens. Ce siége
« étoit un présent qui lui avoit été
« envoyé d'Arabie, pendant son
« séjour dans le Tigré. Le roi étoit
« vêtu simplement, mais avec beau-
« coup de propreté. Il avoit les che-
« veux peignés et parfumés. Quand
« je me prosternai devant lui, il
« dit « : Voila un rebelle bien obstiné.

« Quel châtiment lui ferons-nous
« infliger ? » — « Votre majesté; »
« m'écriai-je, « ne peut certaine-
« ment pas me faire infliger une
« punition, qui approche du plai-
« sir que j'ai à la voir assise
« sur son trône. » Le roi sourit,
« d'un air satisfait; puis il me donna
« à baiser le dessus de sa main, et
« ensuite le dedans. Il me fit en
« même temps signe de rester de-
« bout à ma place. Je m'y tins en
« effet un moment : mais voyant
« qu'il étoit occupé d'objets, qui
« m'étoient étrangers, je me re-
« tirai. »

Tous les habitans de Gondar,
tous ceux des villes et des villages voisins, étoient accourus au-
devant de leur roi. La crainte
qu'inspiroit

qu'inspiroit Michaël étoit cause de cet empressement. Chacun trembloit de ne pas être vu, de peur qu'on ne le jugeât partisan de Socinios.

Le penchant de la montagne où l'on se trouvoit, offre, à prendre depuis le Belessen, un coup-d'œil charmant. Il est tapissé d'une belle verdure depuis le sommet jusqu'au pied, qui est garni d'une chaîne de rochers, confusément posés. Un joli ruisseau, qui prend sa source dans le Belessen même, traverse la montagne, et va se jeter dans la rivière de Mogetch. C'est ce ruisseau qu'on appelle Mariam Ohha, c'est-à-dire, l'eau de Marie, d'après une église du Belessen, dédiée à la Vierge Marie. La montagne étoit couverte de gens assis sur l'herbe, et vêtus de toile de coton, aussi blanche que la neige. Il y avoit cinquante ou soixante mille personnes , tant hommes que femmes. On étoit alors au mois de décembre , qui est le plus beau mois de l'année en Abyssinie. Le soleil étoit dans le tropique du sud, et conséquemment, on n'avoit à craindre ni de la pluie pendant le jour, ni de la rosée pendant la nuit. Les prêtres et les moines de tous les couvens d'alentour, vêtus de robes de coton jaune et blanc, et portant leurs croix et leurs tambours , vinrent tous en procession , et ajoutèrent singulièrement à la magnificence du spectacle. On distinguoit sur - tout trois cents moines de Koscam, à leurs grandes

croix et à leurs tymballes d'argent, que l'Iteghé leur avoit don-
nées dans un temps de splendeur.
Les deux hommes qui attiroient
ensuite les regards de tout le monde,
étòient l'Abuna et l'Itchegué, que
leur rang et leur dignité sembloient
devoir exempter du soin de sortir
de Gondar pour venir au-devant
du monarque. Mais ils étoient con-
duits par la crainte. Ils avoient,
d'accord avec l'Acab Saat, ex-
communié solennellement le Roi,
le Ras, et tous leurs partisans ; et
ils avoient de plus, délié le peuple
du serment de fidélité, qu'il avoit
juré à Tecla Haimanout. Les deux
prélats, à la sollicitation d'Esther,
avoient obtenu grace : mais on leur
avoit en même temps imposé l'obli-

gation de venir au-devant du roi, sans suite, sans croix, et avec des habits de supplians. En conséquence, on ne leur rendit aucune espèce d'honneur.

On observoit que depuis qu'il avoit passé le Tacazzé, le jeune monarque ne recevoit plus qu'avec un front sévère, ceux qui se présentoient devant lui. Michaël devenoit aussi chaque jour, plus sombre et plus terrible.

Le 23 décembre, l'armée campa à onze heures du matin, sur les bords du Mogetch, précisément au-dessous de Gondar. Bientôt le bruit se répandit que la ville alloit être brûlée, et que l'on passeroit les habitans au fil de l'épée. Cette nouvelle occasionna une consternation universelle ; et plusieurs personnes s'enfuirent pour aller joindre Fasil.

« Tandis que nous étions en mar-
« che, « dit M. Bruce, « le prince
« me pria de passer devant lui, et
« de lui faire voir le cheval, que
« j'avois reçu de Fasil. Nous tra-
« versions un ravin profond, au-
« dessus duquel un Kautouffa
« étendoit ses branches. Le roi ,
« vêtu d'un habit de paix, avoit
« ses longs cheveux épars autour
« de son visage, et il étoit enve-
« loppé de son manteau de mous-
« seline, de manière, qu'à peine
« on pouvoit lui voir les yeux. Ce
« prince faisoit plus d'attention au
« cheval qu'au Kautouffa. Ses che-
« veux s'accrochèrent d'abord à

Q 3

« une branche, et le pli du man-
« teau qui couvroit sa tête, fut
« rejeté sur ses épaules. Le secours
« qu'on lui donna tout de suite,
« la promptitude avec laquelle je
« coupai la branche d'un coup de
« coutelas, rien enfin ne put em-
« pêcher le manteau de tomber; et
« le monarque parut avec sa simple
« robe, la tête et le visage nus,
« aux yeux des spectateurs.

« Un pareil accident est regardé
« comme un malheur véritable
« pour un prince qui ne paroît ja-
« mais que couvert en public. Ce-
« pendant le roi ne fut pas plus
« ému qu'à l'ordinaire. Conservant
« son air grave, il demanda deux
« fois, d'un ton de voix assez bas,
« qui étoit le Shum de ce district ?

« malheureusement ce Shum n'étoit
« pas loin. C'étoit un homme qui
« paroissoit avoir une soixantaine
« d'années, et il avoit un fils, qui
« en avoit environ trente. Tous
« d'eux accoururent, et se mirent
« selon l'usage, nus jusqu'à la cein-
« ture. Le roi demanda au vieillard
« s'il étoit le Shum du lieu. Il ré-
« pondit qu'oui, et il ajouta que le
« jeune homme étoit son fils.

« Quand le roi d'Abyssinie est
« en marche, il a toujours auprès
« de lui un officier qui s'appelle
« le *Kanitz Kitzera*, c'est-à-dire,
« le bourreau de l'armée. Le Kanitz
« Kitzera porte à l'arçon de sa selle,
« une grande quantité de courroies
« de cuir, roulées d'une manière
« très-ingénieuse ; et l'on nomme

« ces courroies réunies, le *Taradé*.
« Le roi ne fit qu'un signe des
« yeux et de la main ; et au même
« instant, deux de ces courroies
« furent déployées et passées autour
« du cou du Shum et de son fils.
« Les deux malheureux furent his-
« sés au même arbre, et on les
« laissa ainsi pendus.

Dans la soirée du 23, on vit
arriver Sanuda, le même qui avoit
fait Socinios roi, et qui avoit rempli sous lui la place de Ras. Il
fut reçu avec de grandes marques
de faveur, pour prix du rôle de
traître, qu'il venoit de si bien jouer.
Il amenoit trois prisonniers, l'un
desquels étoit Guebra Denghel,
gendre du Ras Michaël, et l'un des
hommes les plus aimables d'Abys-

sinie, mais qui avoit embrassé un mauvais parti. Les deux autres se nommoient Sabaat Laab et Kefla Mariam, tous deux issus des premières familles du Tigré. Guebra Denghel pria le roi avec instance, d'ordonner qu'on le mît à mort, devant sa tente, au lieu de le faire livrer à son cruel beau-père. Le monarque, ne répondit rien, mais fit signe de la main qu'on menât les prisonniers au Ras Michaël; et le Ras les fit charger de fers.

Deux heures après, vint Ayto Aylo, fils du Kasmati Esthé. (1) Il traînoit à sa suite Chrémation, frère de Socinios, et l'Acab Saat, Abba Salama, qui en excommu-

______

(1) Le Kasmati Esthé, frère de l'Iteghé, fut assassiné par Fasil.

niant le père d'Aylo , avoit été un des auteurs de sa mort.

Amenés en présence du roi , les prisonniers, suivant l'usage , furent jetés la face contre terre ; et comme ils avoient les mains garrottées derrière le dos , ils furent rudement heurtés.

L'Acab Saat se releva avec fureur, et fit beaucoup d'efforts pour détacher ses mains , et lancer des excommunications, ce qui se pratique en élevant la main droite , et en alongeant l'index. Mais ne pouvant y réussir, il s'écria : « Dé-« tachez mes mains, ou je vous ex-« communie tous. » Le roi lui dit « d'un ton très-calme: « Vous êtes le « premier ecclésiastique de ma mai-« son , et le troisième de l'empire :

« mais je ne crois pas que vous
« ayez jamais eu le pouvoir de
« maudire votre souverain, ni d'ex-
« horter ses sujets à le massacrer.
« Les Umbares vous jugeront de-
« main sur ce crime. Ainsi, prépa-
« rez-vous à vous défendre, et à
« dire, d'après quels préceptes
« du Christ, ou de ses apôtres, ou
« d'après quel canon des conciles,
« vous avez cru avoir le droit de
« faire ce que vous avez fait. »

« Faites-moi délier les mains, »
« s'écria le fougueux Salama. « Je
« suis un prêtre, un serviteur de
« Dieu ; et David a dit que les
« serviteurs de Dieu avoient le droit
« d'enchaîner les rois et de mettre
« les nobles aux fers. Oui, je vous
« excommunie, ô Tecla Haima-

« nout ! » Il alloit poursuivre ; mais il fut arrêté par le jeune Tecla Mariam , fils du secrétaire du monarque, qui jeta l'Acab Saat si fortement le visage contre terre , que la bouche du prêtre en fut tout en sang. Les deux prisonniers furent aussitôt poussés hors de la tente du roi , sans qu'on leur permît de dire un mot de plus.

On a déja fait remarquer qu'en Abyssinie , il y a une loi , qui condamne à mort quiconque frappe, ou lève la main, pour frapper quelqu'un en présence du prince. Mais en cette occasion , le motif étoit si grave , si puissant , si imprévu, le jeune homme si estimable , et l'offenseur si insolent et si coupable aux yeux de tout le monde

monde, qu'on se contenta de faire adresser une longue réprimande à Tecla Mariam, par l'organe de son père. Mais il ne perdit ni la faveur du Roi, ni du Ras Michaël, ni même celle du peuple.

Quand l'Acab Saat et Chrémation furent menés au Ras, il refusa de les voir, et il ordonna qu'on les chargeât de chaînes, et qu'on les gardât étroitement.

Le 24, à la pointe du jour, les tambours se firent entendre, et l'armée se mit en marche. Tout le monde trembloit sur le sort de Gondar. Aussitôt qu'on fut en face de la ville, les timballes furent portées à la tête du camp; et après qu'elles eurent retenti quelques instans, on fit deux proclamations.

Tome VI.   R.

L'une ordonnoit aux habitans d'apporter toute la farine, ou l'orge, qu'ils possédoient, et défendoit, en même temps, aux soldats, sous peine de mort, de rien prendre sans le payer argent comptant. L'autre portoit, que tout le monde pouvoit demeurer tranquille chez soi, et que les personnes qui sortiroient de la ville, seroient réputées rebelles, que leurs biens seroient confisqués, leurs maisons brûlées, et leurs familles punies pendant sept ans. Jusque-là tout étoit politique et sage.

Il y a à Gondar des espèces de bouffons, qui se masquent, chantent, font des pasquinades et des tours de force. Le jour que l'Abuna excommunia le roi Tecla Haimanout, ces Saltimbanques prirent part à la cérémonie. Ils s'attachèrent à décrier le Ras Michaël, dans leurs couplets satiriques, et ils lui prodiguèrent les titres les plus injurieux. Depuis, ils renouvelèrent souvent leurs injures contre lui. Cependant, à l'arrivée du roi et du Ras, cette troupe de farceurs vint célébrer le retour de Michaël à Gondar. Mais celui-ci fit tomber sur les chanteurs, deux cents hommes de cavalerie du Siré, qui les taillèrent tous en pièces.

Il étoit environ neuf heures du matin, lorsque l'armée entra dans la capitale. Toutes les personnes qui étoient dans les rues, avoient l'air aussi consterné que des malheureux qui attendent leur arrêt de mort. Le Ras se rendit au palais avec le roi, qui se retira aussitôt dans cette espèce de cage fermée de jalousies, où, suivant la coutume, il reste invisible , pendant qu'on tient conseil.

L'Abba Salama fut conduit au bout de la table , sans être attaché en aucune manière. Celui qui accuse au nom du roi, commença alors à parler avec beaucoup deforce et d'éloquence. Il rappela les meurtres, les empoisonnemens, les incestes à tous les degrés possibles, dont l'Acab Saat s'étoit rendu coupable. L'accusateur termina par qualifier à juste titre, de crime de haute-trahison, l'audace que Salama avoit eue de maudire le roi, et de délier tous ses sujets du serment de fidélité.

Quoique l'Abba Salama parût très - impatient , il n'interrompit jamais l'orateur que par ces mots : *vous mentez*, et *c'est un mensonge!* mots qu'il répéta à chaque accusation nouvelle. L'accusateur ne dit pas un mot du meurtre de Joas.

Quand on eut dit à l'Abba Salama de parler pour sa défense , il prit un ton de dignité et de supériorité , bien différent du ton qu'il avoit eu dans la tente du roi. Il sourit des accusations qu'on lui avoit faites relativement aux femmes, et sans les nier, ni les avouer, il dit , en regardant M. Bruce , qui étoit présent , que ces choses-là étoient des crimes parmi les Francs, parmi les autres chrétiens, mais non parmi

R 3

les chrétiens de son pays, qui vivoient à-la-fois sous la loi de Moïse et sous la loi du Christ. Il ajouta, que les Abyssins étoient Béni-Israël, c'est-à-dire, enfans d'Israël, et que dans tous les temps les patriarches avoient agi comme lui, et n'avoient pas moins été chéris de Dieu. Il parla du meurtre de Joas et des deux frères de ce prince, il rappela l'empoisonnement d'Hatzé-Hannès, père du roi régnant, et il en accusa directement Michaël.

Le Ras, feignant de ne pas entendre, tantôt parloit à quelques personnes qui étoient autour de lui, tantôt lisoit un papier qu'il tenoit à la main. « J'étois derrière sa chaise, « dit M. Bruce, « et se tournant vers « moi, il me demanda à voix basse :

« quelle est la punition que mérite
« un tel homme?«Il parloit de Sa-
« lama. « Je répondis du même ton
« de voix que le Ras avoit pris lui-
« même:» les crimes de haute-tra-
« hison sont punis de mort dans
« tous les pays que j'ai connus. »

Après avoir retracé la mort des
deux rois, l'Abba Salama parla
du meurtre du Kasmati Esthé,
dont il avoua avoir été l'instiga-
teur. Il dit que l'Iteghé, que les
frères de cette reine, ainsi que plusieurs autres personnes qu'il nomma,
étoient tous devenus des Francs, et
que pour convertir l'Abyssinie
au catholicisme, ils avoient fait
venir des prêtres, avec lesquels ils vivoient dans l'intimité, comme avec
ce Franc-là, ajouta-t-il, en mon-

trant du doigt M. Bruce. Il soutint que c'étoit violer les lois du pays que d'y laisser demeurer paisiblement, celui-ci, qui, d'ailleurs méritoit d'être lapidé, comme ennemi de la Vierge Marie. Ici le Ras l'interrompit, en disant : « Bornez-« vous à votre défense. Commencez « par vous justifier, et ensuite vous « accuserez qui vous voudrez. L'in-« tention du roi est de mettre les « lois à exécution contre les coupables. C'est parce qu'on vous a « cru le plus criminel, qu'on a « commencé par vous. »

L'Acab Saat fut déconcerté. Il rappela au Ras que sans l'excommunication lancée contre le Kasmati Esthé, le roi régnant ne seroit jamais monté sur le trône. Il dit

à Michaël et aux juges qu'ils seroient doublement maudits, s'il
lui faisoient arracher les yeux, ou
couper la langue. Puis fondant en
larmes, il les pria, en considéra-
tion de l'ancienne amitié qui avoit
subsisté entr'eux et lui, de l'exempter de ces deux genres de sup-
plice.

Le monarque avoit jusqu'alors
gardé le silence : mais le Kal-Hatzé
(la parole du roi) se levant tout-
à-coup, dit à Salama : « Le roi vous
« ordonne de lui répondre et de lui
« dire pour quelle raison vous avez
« persuadé à l'Abuna de l'excom-
« munier. L'Abuna est un esclave
« des Turcs, et vous, vous êtes né
« dans cette monarchie. Pourquoi
« donc, vous dont l'emploi est in-

« férieur à celui de ce prélat , vous
« êtes - vous ingéré de lui donner
« des avis sur des choses qu'il n'en-
« tendoit pas ? » Cette question fit
perdre à l'Acab Saat le reste de
son sang-froid. Il maudit l'Abuna.
Il l'appela mahométan , payen ,
franc , infidèle ; et il alloit poursuivre sur le même ton , quand
Tecla Haimanout , le plus ancien
des juges , se leva et dit : « mon
« devoir n'est point d'entendre tous
« ces blasphèmes. L'Acab Saat n'a
« pas dit encore une seule parole
« qui puisse le disculper. »

Le sécrétaire du monarque
envoya alors à ce prince , là
substance de ce qu'avoit dit l'accusé , que l'on conduisit en même
temps à l'extrémité de la salle.

Tandis que le roi lisoit, les juges délibéroient. Le Ras leur ayant ensuite demandé leur avis, Ils répondirent tous : « Il est cou- « pable et mérite la mort. » Quand le tour de Michaël fut venu, il affecta de la modération. Il dit qu'il avoit été accusé d'être à-la-fois le complice et l'ennemi de l'Acab Saat, et que dans l'un et l'autre cas, il ne pouvoit être son juge. Il ne res- toit plus que le roi à parler ; et le Kal-Hatzé fit entendre ces mots : *Il est coupable et il mourra.* (1) *Le bourreau le pendra aujourd'hui à un arbre.*

Le malheureux Acab Saat fut aussitôt saisi par les gardes, et

(1) Litteralement, *il mourra de mort.*

traîné au pied d'un grand arbre, qui est devant la porte du palais. Jusqu'au dernier moment, il vomit des imprécations contre le roi, le Ras et l'Abuna. Il fut pendu, sans qu'on lui ôtât un seul de ses habits; et en venant subir son interrogatoire, il s'étoit revêtu des ornemens sacerdotaux, et de ceux qu'il avoit droit de porter, quand il se présentoit chez le roi. En allant à la mort, il dit qu'il avoit quatre cents vaches, et qu'il les léguoit à des prêtres, pour qu'ils priassent Dieu pour lui : mais le Ras fit conduire ces vaches à Gondar, et on les distribua aux soldats.

Dès que l'Acab Saat fut jugé, on fit entrer Chrémation, le frère

de

de Socinios. Il fut condamné aussi à être pendu. Après l'exécution de ces deux jugemens, on fit entendre une proclamation , portant que toutes les terres et les villages donnés à l'Abuna , retournoient dès ce moment à la Couronne.

Le lendemain , on jugea les infortunés Guebra Denghel, Sebaat Laab , et Kefla Mariam. Le Ras réclama le droit de les faire juger dans sa maison, parce qu'ils ressortissoient du gouvernement du Tigré. Guebra Denghel déclara , « qu'il n'avoit pris les armes « contre le roi, que parce qu'il « n'avoit pas vu d'autre moyen « de se soustraire à la tyrannie de « Michaël, qui s'étoit réellement « fait roi, qui avoit bouleversé la

« constitution de l'empire, anéanti
« toute espèce de différence entre
« les rangs et les personnes, et
« mis tous les emplois, tout le pou-
« voir entre les mains de ses créa-
« tures. » Guebra Denghel finit en
« souhaitant, « que le roi connût
« que c'étoient-là les seuls motifs
« qu'il avoit eus de se révolter,
« et il assura que s'il n'avoit pas
« eu à faire cette déclaration, il se
« seroit bien gardé d'ouvrir la bou-
« che devant un homme aussi in-
« juste que Michaël.»

Cependant Welleta Selassé, fille de
Guebra Denghel, sortit tout-à-coup
de l'appartement d'Ozoro Esther,
et se jeta à genoux devant le Ras,
avec toutes les marques du plus
violent désespoir. Ses prières furent

inutiles. Le vieux tyran la repoussa du pied, la menaça de la faire mourir, et ordonna que Guebra Denghel fût immédiatement pendu. A ces mots Welleta s'évanouit, et resta comme morte sur le parquet. Son père, oubliant son propre malheur, s'élança à son secours : mais ils furent bientôt entraînés, l'un à la mort, et l'autre pour être réservée à souffrir des tourmens plus cruels que la mort même.

La jeune Welleta Selassé avoit été destinée à Joas ; et le mariage étoit au moment de se conclure, quand le jeune prince fut assassiné. Elle fut ensuite promise au vieux Hatzé-Hannès, père du roi régnant, Tecla Haimanout. Mais Michaël, voyant que ce vieillard ne savoit

point être roi, le priva à-la-fois
d'une épouse, de la couronne et de
la vie. Welleta Selassé n'avoit alors
que dix-sept ans. Le Ras vouloit la
marier au roi : mais cette union
ne plaisoit ni à la jeune personne,
ni au prince. L'infortunée Welleta s'empoisonna enfin, peu de
temps avant la bataille de Ser-
braxos, pour ne pas être obligée de
céder à la passion brutale du vieux
Ras son grand père.

La rage que les prières de la fille
de Guebra Denghel, occasionnè-
rent au Ras, se manifesta par la
cruauté avec laquelle il jugea les deux
autres coupables. Kefla Mariam eut
les yeux arrachés ; Sabaat Laab eut
les paupières coupées jusqu'à la racine ; et tous deux furent exposés

ains, à l'ardeur du soleil, dans la place du marché. Sabaat Labaat mourut bientôt de la fièvre; mais Kefla Mariam vécut assez pour apprendre qu'il avoit été vengé.

Le sang continua à couler, jusqu'au jour de l'Epiphanie. Des hommes de tout âge, terminèrent leurs jours, par la corde, ou par le sabre. Dans l'espace de très-peu de jours, cinquante-sept personnes moururent publiquement par la main du bourreau. Beaucoup d'autres disparurent, et furent égorgées seulement, ou envoyées dans des prisons; et depuis on n'entendit plus parler d'elles.

Ceux qu'on tua à coups de sabre, furent jetés dans les rues, sans qu'il fût permis de les enterrrer. Là quantité de cadavres et l'odeur qu'ils exhaloient, attiroient par centaines les hyènes des montagnes voisines ; et comme les habitans de Gondar ne sortent guère, dès qu'il fait nuit, ces animaux s'emparoient des rues, et sembloient être prêts à disputer aux habitans, la possession de la ville.

« Souvent je me retirois tard du « palais, » dit M. Bruce, « et quoique « je n'eusse à traverser que le coin de « la place du marché, quoique j'eusse « des flambeaux et que je fusse « environné de gens armés, j'en- « tendois les hyènes gronder si près « de moi, que j'avois peur qu'elles « ne se jetassent à mes jambes. Je « savois bien qu'un coup de pistolet « suffiroit pour les mettre en fuite ; « mais un coup de pistolet, tiré la

« nuit, eût effrayé toute la ville ;
« et ce n'étoit pas, en vérité, le
« moment d'augmenter les crain-
« tes des habitans. Je pris enfin le
« parti de ne presque plus sortir de
« chez moi. Toutes mes pensées
« furent tournées vers les moyens
« de fuir loin de ces contrées teintes
« de sang, de le faire, par la voie
« du Sennaar, et d'employer tout
« le crédit, tous les droits que j'a-
« vois sur Yasine, sous-gouver-
« neur du Ras-el-Feel, pour qu'il
« m'aidât à franchir le désert de
« l'Atbara.

M. Bruce ayant fait part de son
projet au roi, ce prince lui répondit :
« gardez-vous, Yagoubé, de dire un
« mot du Sennaar, jusqu'à ce que
« je vous aie fait part de mes volou-

« tés à ce sujet. » Le monarque prononça ces mots, du ton le plus sévère, et avec toute la majesté d'un roi.

Dans la soirée du premier janvier 1771, M. Bruce, selon l'ordre qu'il en avoit reçu, se rendit chez le prince, et mena Yasine avec lui. On prit alors les mesures nécessaires pour se procurer des chevaux et des cottes de maille : car on étoit sur le point de se remettre en campagne. Un des serviteurs du monarque fut envoyé avec un des gens de Yasine, pour faire des recouvremens dans le Tigré ; et notre voyageur chargea de plusieurs lettres, un nègre du Ras-el-Feel, nommé Soliman, distingué par sa haute stature, par sa force, son

courage , et très-intelligent , très-
rusé , quoiqu'il eût un air fort simple. On fit aussi partir Yasine pour
qu'il engageât son ami le Chaik
fidèle , qui commandoit dans l'Atbara, à faire accompagner M. Bruce
à Beyla , et ensuite à Sennaar.

« Ce ne fut pas sans beaucoup de
« difficulté , dit-il , que le roi me
« permit de faire partir mes let-
« tres. Nous convînmes que comme
« il ne pouvoit pas tarder à y
« avoir une action entre Gusho,
« Powussen et le Ras Michaël , je
« ne quitterois pas le prince , jus-
« qu'à ce que cette affaire fût ter-
« minée de manière ou d'autre. Le
« roi m'obligea en outre, à jurer
« que s'il n'étoit pas victorieux ,
« ou réconcilié avec les rebelles ;

« j'amènerois en Abyssinie, si l'en-
« gagement que j'avois dans ma pa-
« trie, étoit rempli, et ma santé
« rétablie, j'amènerois, dis-je,
« autant de gens de ma famille et
« de mes compatriotes que je pour-
« rois, avec leurs chevaux, leurs
« fusils, leurs baïonnettes; que si
« je ne pouvois pas passer par le
« Sennaar, je viendrois par les
« Indes orientales, par Surate et
« par Masuah, parce que cette voie,
« quoiqu'elle fût la plus longue,
« étoit sans contredit, la plus sûre. »

Le 20 janvier, un message de
Powussen annonça au Ras que ce
gouverneur avoit fait prisonnier
l'usurpateur Socinios, et qu'il le
tenoit aux fers à la disposition du
roi. Powussen reprochoit en même

temps à Michaël, les barbaries aux-
quelles il venoit de se livrer ; et il
lui déclaroit qu'il avoit résolu d'aller lui en demander compte , jusques dans Gondar. Gusho envoya
également un message : mais il n'en
transpira rien. Après avoir vu le
Roi et le Ras , les deux émissaires
partirent ensemble pour se rendre
auprès de Fasil.

Le roi, cependant ne négligeoit
aucun moyen d'engager l'Iteghé à
revenir à Koscam. Le séjour de
cette princesse dans le Gojam, tenoit
en armes une foule de personnes qui
lui étoient attachées, et qui murmu-
roient de la voir bannie. Mais l'I-
teghé avoit résolu de ne jamais se fier
à Michaël ; et cependant on disoit
qu'elle avoit envoyé secrettement

une somme d'or, au roi : le ministre de ce prince le laissoit alors manquer de tout.

Vers la fin de janvier, arriva un message de Fasil. Ce général s'excusa de ne pas venir à Gondar, par rapport au mauvais état de sa santé. Il disoit, en outre, qu'il ne pouvoit se fier à Michaël, à moins que celui-ci ne lui donnât en mariage, sa petite fille, Welleta-Selassé, cette malheureuse fille de Guebra Denghel, dont on vient de parler.

Tandis que le roi Tecla Haimanout célébroit la fête de l'Epiphanie sur les bords du Kahha, il reçut une visite très - extraordinaire. Amha Yasous, fils du prince de Shoa, (1) vint, à la tête de mille

(1) Amha Yasous, en droite ligne, du cavalier

cavaliers, bien équipés, lui offrir ses services; et il lui apporta un présent de cinq cents onces d'or. Quand il parut devant le roi, deux jeunes officiers du monarque se mirent à côté du prince de Shoa, suivant l'ordre qu'on leur en avoit donné, et se tinrent prêts à l'arrêter par les bras, s'il vouloit se prosterner. Le roi, assis sur son trône, étoit vêtu d'une superbe

gouverneur de la province de Shoa, qui accueillit le seul rejeton de la race de Salomon, qu'on déroba à la fureur de Judith, lorsque vers l'an 900, elle fit égorger sur le rocher de Damo, tous les autres enfans de cette illustre famille. Le prince de Shoa jouit de la souveraineté de sa province, du consentement de la cour d'Abyssinie.

Tome VI.   T

robe de brocard, au-dessus de laquelle étoit une pièce de mousseline, négligemment jetée, et qui laissoit apercevoir, dans l'intervalle des plis, les brillantes fleurs de l'étoffe. Ses beaux cheveux étoient peignés dans toute leur longueur, et flottoient au hasard sur ses épaules. Il étoit bien parfumé avec de l'essence de rose ; et deux esclaves tenant chacun un vase d'or, rempli de la même essence, étoient placés aux deux côtés de la tente.

Amha Yasous se présenta à la tête de ses mille cavaliers, et entra à cheval jusques dans la tente. Là, il mit pied à terre, avec empressement, et même avec un air de surprise ; puis il s'avança jusqu'aux marches du trône, en s'inclinant de plus en plus, à mesure qu'il s'approchoit. Quand il voulut se prosterner, il en fut empêché par les deux officiers. Le roi tenoit sa main découverte ; mais il ne l'avançoit pas, parce qu'il ne vouloit point exiger que le prince la lui baisât, ce que fit cependant Amha Yasous. On avoit préparé un tabouret, d'un demi-pied de hauteur, et couvert d'un tapis de Perse; et lorsque le prince de Shoa voulut parler debout, les mêmes officiers le firent asseoir. En même temps ils répandirent sur lui une telle quantité d'essence de rose, qu'il en fut tout mouillé. Après les premières questions, les spectateurs sortirent de la tente. Toute cette cérémonie avoit été bien étudiée. L'étiquette n'auroit pas pu être exécutée plus ponctuellement , dans une cour d'Europe.

Amha Yasous paroissoit avoir de vingt-six à vingt-huit ans. Il étoit grand , et parfaitement bien fait. Quoiqu'avec de petits traits , il avoit une très-belle figure ; et ses manières étoient extrêmement prévenantes. Les Ozoros , c'est-à-dire , les premières femmes de là cour, furent, dit-on , toutes , à l'exception d'Ozoro Esther, amoureuses de lui. Ce jeune prince n'étoit point insensible , et il se conduisit partout avec une galanterie honorable et décente.

Tandis qu'il étoit encore en Shoa , Amha Yasous avoit entendu dire, qu'il y avoit à Gondar un homme blanc et étranger , qui étoit en faveur auprès du roi d'Abyssinie, et qui pouvoit tout faire , excepté de ressusciter les morts. « D'après « cela, » dit M. Bruce , « une des « premières choses qu'il demanda « au roi , fut de lui faire lier con- « noissance avec moi. Le roi m'or- « donna donc de me rendre tous « les matins chez le prince. Insen- « siblement nous devînmes insépa- « rables. Un jour la conversation « tomba sur les rois d'Abyssinie qui « vivoient en Shoa , lorsqu'avant « la découverte du Cap-de-bonne- « Espérance , le royaume d'Adel « étoit l'entrepôt du commerce des « Indes. Amha Yasous me dit « qu'il y avoit dans quelques églises « de sa province , un livre qui

« contenoit l'histoire de ces princes,
« et qu'il alloit l'envoyer chercher.»
Il exécuta fidèlement sa promesse ;
le livre arriva ; et c'est de ce livre,
que notre voyageur a tiré une partie
de l'histoire d'Abyssinie.

Quand le prince de Shoa eut
quitté la tente du roi, il alla chez
le Ras Michaël, à qui il offrit
un présent en or. Le Ras ne pouvoit rien recevoir qui lui fût plus
agréable. A l'instant où le prince
parut , Michaël se leva. Tous
deux s'assirent ensuite sur le même
siége ; et ils dînèrent ensemble, dans
l'appartement d'Ozoro Esther.

La vue de l'or , et d'un renfort
de mille hommes de cavalerie,
rendit le vieux Ras , aussi gai qu'un
jeune homme de vingt - cinq ans.

On ne prononça pas un mot sur le gouvernement du Shoa. On ne fit point de proclamation concernant cette province, ce qui étoit une déclaration tacite d'une indépendance qui, à la vérité, étoit reconnue depuis long-temps.

Voyant qu'Amha Yasous mangeoit du bœuf cru, comme les Abyssins, M. Bruce lui demanda si cette coutume existoit chez les autres nations du midi. Le prince lui répondit, qu'il croyoit qu'oui, quand ces nations ne sont point mahométanes ; et il demanda à son tour à notre voyageur, si la même coutume n'avoit pas lieu dans son pays ? — M. Bruce croit qu'elle s'étend depuis l'Abyssinie jusqu'au Cap-de-Bonne-Espérance.

FIN DU TOME SIXIÈME.

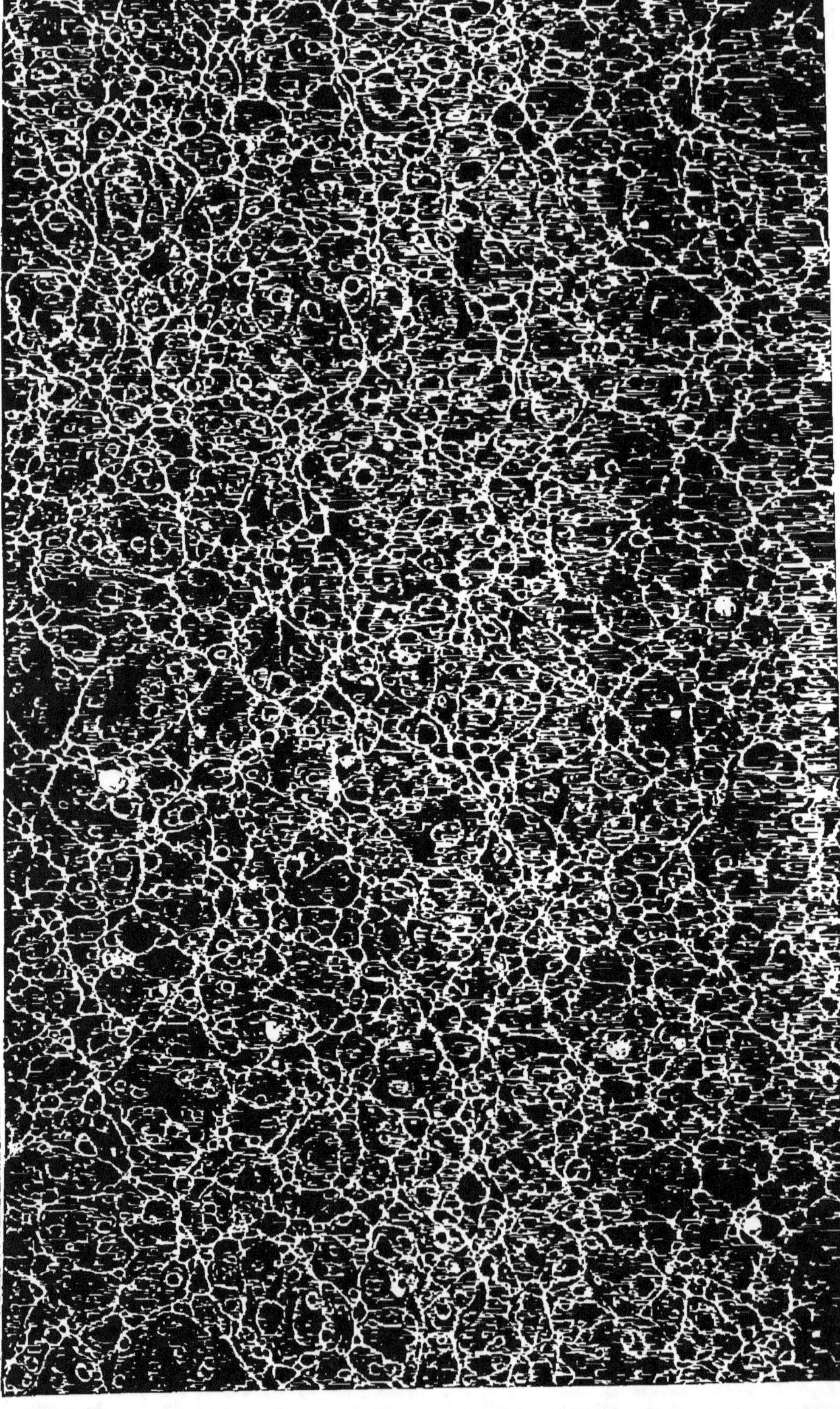

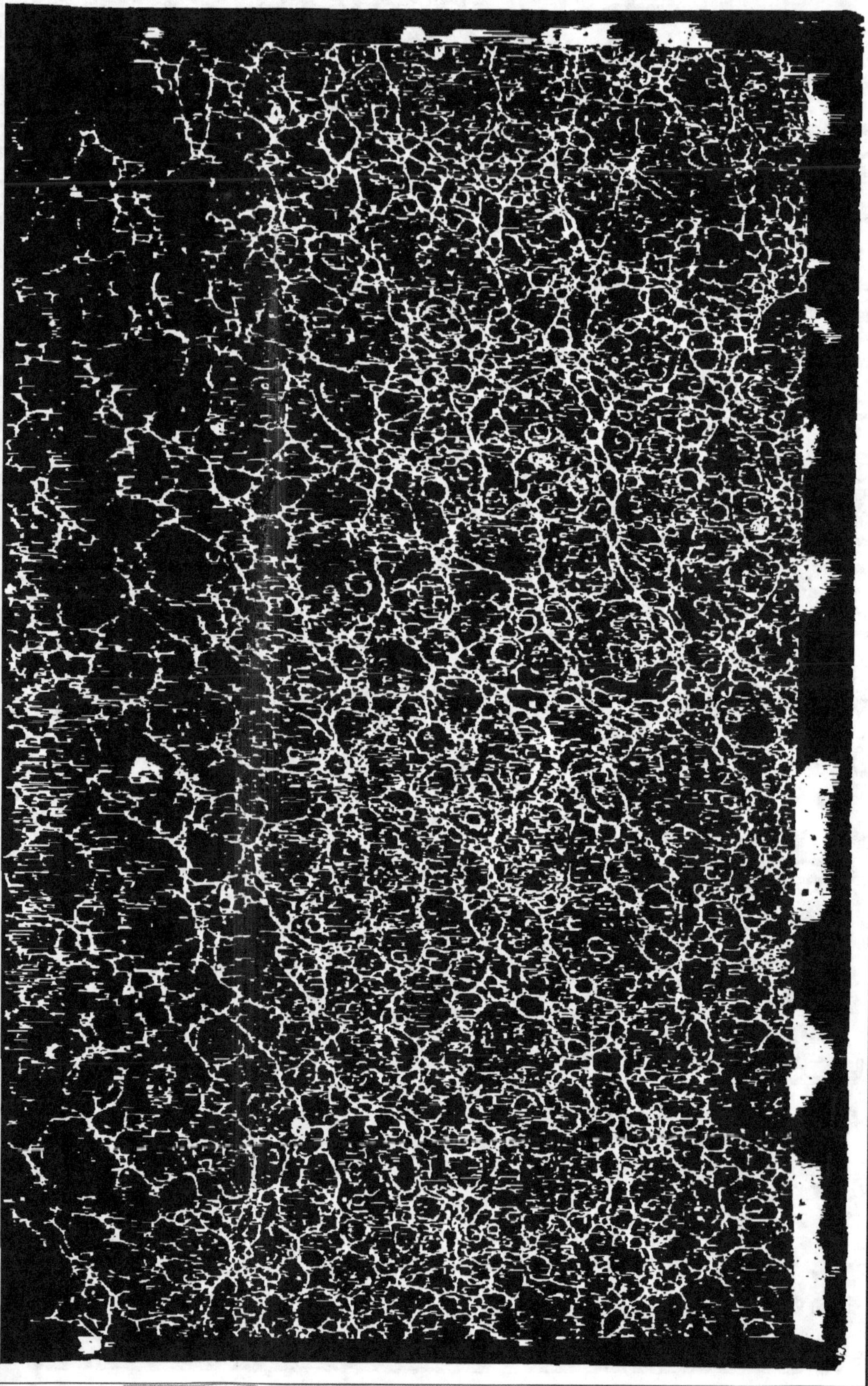